四輪時代

汽車時代的引領者

亨利・福特

Henry Ford

潘于真　著

不思考未來，便永遠不會有未來

「汽車平民化」幕後大功臣

一個人能發現的最大驚喜，就是他做成了一件他過去想都不敢想的事。
當你用更智慧的方法去做一件你曾經失敗的事時，
那麼失敗何嘗不是一個機會呢？——亨利・福特

崧燁文化

目錄

目錄

故事導讀

亨利．福特（Henry Ford，西元一八六三年至一九四七年），美國著名的機械工程師、企業家，福特汽車公司的創立者，被世人譽為「汽車大王」。在福特汽車公司如日中天之時，他實施了日薪五美元工作制，吸收弱勢族群到公司工作，改善了貧苦工人的生活狀態，從而贏得了大眾和新聞界的廣泛讚譽。他還是世界上第一位使用自動流水線大大量生產汽車的企業家。他的這種生產方式不但是使汽車成為一種大眾化的工業產品，也對現代工業的生產方式和社會文化產生了深遠的影響。

一九九九年，《財富》雜誌將福特評為「二十世紀商業巨人」，以表彰他和福特汽車公司對人類工業發展所作出的傑出貢獻。美國學者麥克．哈特在其編著《影響人類歷史進程的一百位名人排行榜》一書中，也將他作為企業家的唯一代表收錄其中。

西元一八六三年，亨利．福特出生於一個普通的愛爾蘭移民之家。他自幼就對機械充滿興趣，並動手進行了大量的實驗。十六歲時，他決定離開家，來到鄰近故鄉的底特律，開始了獨立謀生的生涯。在機器林立的車間裡，福特第一次享受到了如魚得水的感覺。他開始瘋狂的研究蒸汽機和內燃機等動力機械。

西元一八九六年，歷經多年艱辛探索的福特終於製造出了他的第一輛汽車——「一號車」。此後，他便開始了艱苦的創業之路。在此期間，福特也先後經歷了兩次慘痛的失敗，但是他始終沒有喪失鬥志，終於在一九〇三年建立了以自己的姓氏命名的企業——福特汽車公司。

在新公司裡，福特不斷總結經驗教訓，不斷推陳出新，最終於一九〇八年推出了暢銷世界的「T」型車。到一九二七年「T」型車停止生產為止，這種廉價的大眾車型一共生產了一千五百萬輛，為福特和他的汽車王國帶來了龐大的利潤。福特那樸實、勤勞、艱苦創業的精神也成了美國民眾爭相學習的模範。

遺憾的是，晚年的福特逐步走向專制，思想也漸漸僵化起來，並最終導致了家族內部的紛爭和福特公司的衰落。但是不管怎樣，亨利．福特都不愧為一名偉大的工程師和企業家。

雖然時光荏苒，福特的身影已隨著歷史的煙雲而遠去了，但是美國人民不會忘記他，那些駕駛著福特汽車在公路上飛馳而過的人不會忘記他，歷史也不會忘記他……。

他那樸實、勤勞、不屈不撓的創業精神和對技術精益求精的態度，仍是人們學習和借鑑的榜樣！

本書從福特的兒時生活開始寫起，一直追溯到他創立福特汽車公司及所取得的重大成就，再現了亨利·福特具有傳奇色彩的一生，用意讓廣大青少年朋友了解這位世界級的工程師和企業家不平凡的人生經歷，從中汲取他那種對自己的理想執著不懈的追求精神，以及堅韌不拔、勇闖難關的堅定信念。

故事導讀

第一章　愛爾蘭移民的後裔

所有的事情都能做得更好。

——亨利．福特

第一章　愛爾蘭移民的後裔

（一）

十五世紀末，隨著商品經濟的發展，歐洲人對黃金和白銀等貴重金屬的渴望日益強烈，但是歐洲出產的金銀數量十分有限，根本無法滿足王室和貴族的貪婪。於是，他們便把目光投向了遙遠的東方。

在歐洲人的眼裡，東方遍地金銀，十分富庶。威尼斯人馬可．波羅（西元一二五四年至西元一三二四年曾遊歷中國，受到元世祖忽必烈的盛宴歡迎，並在中國為官十七年）在《馬可．波羅遊記》中的吹噓則進一步助長了歐洲人對東方的野心。馬可．波羅在他的遊記說，中國遍地黃金，北京的宮牆、房間和天花板上都滿塗了金銀；日本的黃金更是多得無處可用，只能用來蓋房子。

「東方」、「黃金」，這些詞語就像是咒語一樣，驅使著西歐人向東方前行。但是當時歐洲與亞洲之間的傳統商路已經不像馬可．波羅說得那樣暢通無阻了。十五世紀中葉之後，隨著鄂圖曼土耳其帝國的興起，傳統陸上和海上「絲綢之路」的必經之地；小亞細亞和巴爾幹半島地區全部被鄂圖曼所控制。鄂圖曼土耳其人對過往商品徵收重稅，大大的增加了貨物的過境成本。如此一來，亞洲的香料等貨物運到西歐之時，其價便比原先高出了數十倍。

在這種情況下，西歐的商人、貴族、王室迫切希望另闢一條繞過地中海東岸直達中國和印度的新航路。當時，科學技術的提高和地理知識的進步已經為大航海時代的到來做好了必要的準備。一方面，中國發明的指南針已經阿拉伯人之手傳到歐洲；歐洲人的造船技術也得到了極大的發展，已經能夠造出載重幾百噸，甚至上千噸以上且適合遠航的大船了。

另一方面，古希臘地理學家托勒密提出的地圓說已經日益被人們接受。西元一四七七年，佛羅倫斯地理學家托斯卡內利（西元一三九七年至西元一四八二年）在繪製世界地圖時，乾脆把中國和日本畫在歐洲的西方，並宣稱從歐洲向西航行一定可以到達東方。

西元一四九二年，一位航海史上的傳奇人物登上了歷史舞台，他就是哥倫布（西元一四五一年至西元一五〇六年）。哥倫布出生於義大利的熱內亞，自幼就喜歡讀《馬可．波羅遊記》。從書中，他得知中國、印度這些東方國家十分富有，簡直是「黃金遍地，香料盈野」，便幻想著能夠遠遊，親自去領略一下東方世界的風采。

西元一四九二年八月三日，哥倫布終於在西班牙王室的支持下開始實踐他的夢想了。他帶著八十七名水手，駕駛著「聖瑪利亞」號、「平特」號和「尼娜」號三艘帆船

第一章　愛爾蘭移民的後裔

離開了西班牙的巴羅斯港，開始了他的第一次遠航。他選擇的是一條前人從未走過的航線——一路向西，橫渡大西洋，前往富庶的東方。

經過兩個多月艱苦的航行，哥倫布一行終於在十月十一日夜間十點多發現前面有隱隱的火光。於是，他命令水手張滿帆，全力向燈火處前行。第二天拂曉，甲板上一片歡騰，水手們終於看到了黑色的地平線。水手們都紛紛簇擁著哥倫布，興奮的歡呼道：

「我們到亞洲了，我們到亞洲了！」

哥倫布眼含著淚光，情不自禁的回應道：

「我們馬上就要到黃金滿地的亞洲了！」

幾個小時之後，哥倫布帶領水手們在一個小島上登陸了。但是小島並不像馬可．波羅所吹噓的那樣「黃金遍地，香料盈野」，只是淡水和果蔬十分充足，總算救了眾多在海上長期航行的船員們一命。因此，哥倫布便把這個小島命名為「聖薩爾瓦多」，意為「救世主」。

哥倫布等人以為他們到了亞洲，其實他們抵達的是一個對歐洲人來說完全陌生的大陸——美洲。當時，人們根本不知道在歐洲與亞洲之間還存在著一個美洲，哥倫布也根本沒有想到他會在無意之中發現一個新的大陸。

（二）

哥倫布的發現開闢了一個新時代，也強行將美洲納入了歐洲人眼中的文明世界。在哥倫布抵達美洲之時，只有印第安人安靜的生活在這片遼闊的土地之上。當時，印第安人尚處於原始社會的末期，過著原始捕獵的生活。但是在隨後的幾百年間，印第安人平靜的生活被歐洲人打破了。英國人、法國人、西班牙人懷著狂熱的「黃金夢」，紛紛不遠千里湧到北美，建立殖民據點，大肆屠殺土著居民。

到十八世紀中葉，在北美大西洋沿岸已經形成了十三個英國殖民地。來自歐洲各國的居民們經過長期的融合，逐漸形成了一個新的民族——美利堅。隨著民族意識的覺醒，美利堅人開始尋求民族獨立之路。西元一七七四年，來自十三個州的代表一起聚集在費城，召開了第一次大陸會議，試圖以和平的方式擺脫英國的殖民統治。

由於英國殖民當局的極力反對，美利堅人的獨立運動最終演變成為一場爭取國家和民族自由的戰爭。經過八年多的奮鬥，美利堅人最終擺脫了英國的殖民統治，獲得了獨立的地位，建立了相對民主的資本主義國家——美國。

美國獨立之後，轟轟烈烈的移民大潮依然沒有結束。大批歐洲人為躲避舊大陸上的飢餓、戰亂，紛紛乘船移民到象徵著自由、民主的新世界——美國。愛爾蘭的福特一家

第一章　愛爾蘭移民的後裔

也在十九世紀中葉加入了移民的大潮之中。

在來美國之前，約翰．福特（John Ford）和他的妻子在柯克郡的一家英格蘭人開設的農場裡當雇工，艱難的維持著一家人的生計。但是西元一八四七年爆發的一場饑荒結果令福特一家連基本的生活都無法維持了。當年，被愛爾蘭人當做主食的馬鈴薯欠收，致使餓殍遍野；繼而又發生了嚴重的傷寒感染事件。無情的農場主遂將福特一家趕出農場。

作為一家之長，約翰．福特不得不將全家召集起來，商討家族的未來。福特家族的成員眾多，單單約翰．福特一家就有九口人：約翰．福特、妻子湯瑪斯娜（Thomasine Smith）、長子威廉（William Ford）、次子亨利（Henry Ford Sr.）、幼子山謬（Samuel Ford）、長女瑞貝卡（Rebecca Ford）、次女簡（Jane Ford）、三女南西（Nancy Ford）和幼女瑪麗（Mary Ford）。此外，約翰．福特還有兩個已經移民到美國的兄弟山謬（Samuel Ford）和喬治（George Ford），家人分別將其稱為山謬叔叔和喬治叔叔。

全家人聚齊之後，約翰．福特哀怨的嘆了一口氣，對大家說：

「孩子們，我們今後該怎麼辦呢？」

長子威廉想了一會兒，站起來說道：

「與其在這裡坐以待斃，倒不如去新大陸碰碰運氣。山謬叔叔和喬治叔叔在那裡不是生活得很好嗎？」

約翰．福特回答說：

「你說得有道理。等等，我來找一找他們的來信。」

說著，約翰．福特便翻箱倒櫃的找出了山謬和喬治的來信，再一次讀給大家聽。山謬和喬治在信中向眾人展示了美國式的民主、個人權利、廣闊的原始森林和廉價的土地。那裡不正是勤勞者的天堂嗎？

因此在經過一番激烈的討論後，全家人都一致決定移民美國，去那裡尋找天堂。

做完決定之後，福特一家便開始行動了。當時，威廉已經二十一歲了，是一個熟練的木工。雖然按照愛爾蘭的傳統，他還只能被稱為一個大男孩（因為他的父親還健在），但是他事實上已經成為全家的領導者。

在威廉的安排下，全家人很快做好了移民的準備。西元一八四七年春末，威廉帶著一家人，在吹著寒風的春天，登上了一艘開往美國的輪船。

輪船上擁擠不堪，到處都堆滿了人和破破爛爛的行李。船艙裡更是臭氣熏天、蚊蟲肆虐，很多人都病倒了。原本身體就比較衰弱的湯瑪斯娜也因此而染上了嚴重的疾病，

第一章　愛爾蘭移民的後裔

不久就在船上痛苦的去世了。

母親的去世，讓約翰．福特和孩子們都傷心至極。兄弟幾人找了一條白色的裹屍布，含著眼淚將母親的屍體裹好，抬到甲板上。約翰．福特又找到隨船的牧師，為湯瑪斯娜唸了悼詞。隨後，威廉兄弟將母親的屍體拋入了風浪滔天的大海。

帶著失去親人的悲痛，福特一家在海上漂泊了幾個星期，終於來到了紐約。和其他背井離鄉的愛爾蘭人不同，福特一家沒有在紐約停留。

（三）

當時，大部分愛爾蘭人都選擇留在紐約這個美國最大的城市，進入當地的工廠當工人，賺取微薄的薪水，住在擁擠的貧民窟裡。但是福特一家在威廉的帶領下，離開紐約繼續西行，輾轉來到了底特律的衛星城鎮迪爾伯恩。

那個時候的迪爾伯恩還是一處未被完全開發的處女地。雖然修了鐵路，還有一條一直延伸到芝加哥的密西根大道，但是大部分地區仍然被茂盛的原始森林覆蓋著，狼、狗熊和鹿等動物自得其樂的棲息在森林裡。好奇的印第安人有時會神祕的出現在移民者的木頭房子裡，好奇的摸摸房間裡的各種物品，然後又像他們神祕的出現一樣、神祕的消失了……。

在福特一家看來，山謬叔叔和喬治叔叔是迪爾伯恩的傳奇人物。他們隻身來到這片廣闊的原始之地，經過自己的努力，最終成為當地首屈一指的富豪。

他們的土地是連在一起的，十分寬闊，一眼看不到邊際。在他們的幫助下，福特一家很快就在這裡安頓下來。他們借了一部分錢，又賣了一些家當，湊足了三百五十美元，買下了附近將近五百畝的森林。

在這片原始之地上，共同的名字或姓氏是人們之間天然的連結。迪爾伯恩有很多名叫威廉的年輕男子，其中就有他的堂兄——山謬叔叔的兒子威廉·福特。為了區分，人們將山謬家的威廉稱為「北方的威廉」，將剛剛抵達的威廉稱為「南方的威廉」。因為福特一家剛剛買下的五百畝森林位於山謬叔叔的農場南邊。

開墾原始森林的工作不但是枯燥，還十分繁重。約翰·福特不得不讓兒女們跟著自己一塊受苦，但是作為家中的長子，威廉還是自動承擔起了家庭的責任。他用自己熟悉木工的優勢，和父親一起披星戴月的在森林裡工作，清理土地，耕種莊稼。在農閒時，他還到附近的工地上去打工。當時，密西根中央鐵路正在緊鑼密鼓的鋪設著。威廉在工地上當木工，賺到的錢全部用來償還家裡欠下的債務。

第一章　愛爾蘭移民的後裔

在一家人的齊心努力下，福特一家的生活漸漸有了起色。此時，約翰的次子亨利產生了一個大膽的想法——到加州淘金。

當時，加州的淘金熱幾乎感染了每一個年輕的移民。哥倫布當初不正是在尋找黃金的過程中偶然發現美洲的嗎？如今，這片大地上真的發現了黃金，年輕人怎麼能不動心呢？何況，也真的有許多人在加州發了大財，成為百萬富翁。

不久，亨利就離開了迪爾伯恩，到加州淘金去了。此後，亨利還經常寫信回來，告訴家人他在加州的生活情況。他在信中說：

「我喜歡加州的氣候，這裡冬天沒有寒雪，夏日涼風徐徐，簡直就是人間的天堂啊！」

威廉也被弟弟在信中的描繪弄得心猿意馬，準備到加州去。但是，他知道自己身為長子應當承擔的責任。最終，責任心讓威廉選擇留在了迪爾伯恩，繼續幫助父親經營農場。

威廉是一個家庭責任感很強的青年，他在父親的農場裡默默工作了將近十年的時間，直到福特一家在迪爾伯恩這塊肥沃的土地上站穩腳跟之後，他才開始考慮自己的事情。

西元一八五〇年代後期，威廉計劃賺錢購買一塊屬於自己的土地，成家立業。為了存錢，威廉經常為鄰居奧赫先生處理一些雜事。

（四）

奧赫先生是迪爾伯恩的富人，他與第一批抵達美國的福特家族成員山謬叔叔和喬治叔叔差不多同一時之間來到迪爾伯恩。奧赫先生原本是駐守在加拿大的英格蘭軍隊的軍人，後來逃離了生活枯燥的部隊，從魁北克乘船輾轉抵達迪爾伯恩，開始在這裡創業。

單就家庭財富而言，奧赫先生和他的妻子瑪格麗特相當富有。當時，他們的財產已經超過了一千美元。這在當時可以說一個天文數字。但是非常不幸的是，奧赫一家一直都沒有自己的孩子。

後來，有一個來自比利時的移民威廉．李特高特在修建房屋時不慎墜樓而亡，留下了四個年幼的孤兒。奧赫先生便和妻子商議，收養了年僅三歲的瑪麗（Mary Litogot O'Hern），並將其視為己出，用心撫養。當威廉為奧赫先生打工之時，瑪麗已經出落成一個迷人的少女了。她有著棕色的秀髮和黑色的眼睛、儀態端莊、性格開朗。威廉立即被她迷住了。

第一章　愛爾蘭移民的後裔

西元一八六一年，瑪麗從蘇格蘭殖民地學校畢業。其實威廉等這一天已經等很久了，他立即向瑪麗求婚。年輕的瑪麗也很喜歡成熟、英俊的威廉，立即答應了他的求婚。不久，兩位年輕人便在奧赫先生的居所裡舉行了婚禮。

這場婚姻對威廉的人生十分重要，不僅是讓威廉帶來了一個溫柔賢慧的妻子，還讓他以極低的價格買下了大約五百畝肥沃的土地——奧赫先生將農場中最肥沃的土地低價轉讓給威廉，但是要求他終生不得與瑪麗離婚。威廉答應了岳父的要求，並且毫無懸念的做到了這一點。從某種意義上說，這是契約精神的體現，但是親情在背後所起的作用似乎更大一點。

西元一八六〇年代，美國北部的資本主義商品經濟已經有了很大的發展，迪爾伯恩也發生了翻天覆地的變化。這所小城逐步由一個農業中心變成了工業城市，冶金廠、製粉廠、毛紡廠等現代工業快速建立起來。不過，美國南部依然盛行蓄奴，依靠壓榨黑人奴隸，勉強維持著日薄西山的種植園經濟。黑奴的地位極為低下，幾乎等同於奴隸主圈養的牲畜。

如此一來，資本主義商品經濟發展所需要的廉價工作力和商品市場都受到了極大的限制，兩種經濟體制的衝突最後終於演變成為一場轟轟烈烈的內戰。西元一八六一年四月，被歷史學家稱為南北戰爭的美國內戰拉開了帷幕。

戰爭的到來改變了大部分人的生活軌跡。威廉的堂兄和表兄大都參加了北方軍隊，直接參與了戰爭。威廉對戰爭絲毫不感興趣，他依然像過去一樣努力勞作、累積財產、擴大農場。不久，他就建起了屬於自己的兩層小樓。小樓共有七個房間，一樓是客廳、客房、起居室和廚房，二樓全部是臥室。地板和牆壁都被漆成了瑪麗喜歡的白色。

威廉和瑪麗的生活漸漸好起來，成為當地首屈一指的富人。美中不足的是，他們的第一個孩子出生後不久便夭折了。威廉夫婦傷心不已，幾乎喪失了生活下去的勇氣。但是幸運的是，瑪麗在不久之後又懷孕了。

西元一八六三年七月三十日凌晨，瑪麗的腹部突然傳來一陣劇痛。她幸福的對威廉說：

「親愛的，我們的孩子要出生了，快點去請助產士來吧！」

「我馬上就去。」威廉一邊答應著，一邊駕起馬車去請助產士格安妮．荷穆茲。

太陽初升之時，威廉家小樓正中的那間大臥室中傳來了嬰兒嘹亮的啼哭聲。助產士格安妮．荷穆茲輕輕將孩子包好，向滿臉興奮的威廉喊道：

「嘿，這是個男孩！瞧，他多可愛呀，恭喜你！威廉！」

第一章　愛爾蘭移民的後裔

孩子的祖父母、外祖父母和鄰居們也早已聞訊趕來，紛紛向威廉表示祝賀。威廉幸福極了，笑咪咪的看著這個可愛的小傢伙，竟然忘記向客人們道謝了。突然，一個鄰居問道：

「威廉，想好用誰的名字給孩子命名了嗎？」

威廉抓了抓頭，回答說：

「叫什麼呢？就叫亨利吧！亨利．福特！和我弟弟亨利用同一個名字吧！他是我們家最聰明的男人，希望小傢伙長大後也能像他叔叔一樣，成為一個大人物！」

人們聽後，都紛紛稱讚道：

「好極了！多麼響亮的名字啊！」

威廉的弟弟亨利此時已經定居加州。儘管他沒能在淘金熱中發大財，但是也算的上是福特家中見過世面的大人物。不過，與襁褓中的亨利相比，定居加州的亨利實在算不得什麼大人物。因為，這個在襁褓中的亨利就是日後的汽車大王——亨利．福特。

第二章　熱愛機械的少年

無論你認為自己對、還是不對，你都要絕對有信心。

——亨利·福特

第二章　熱愛機械的少年

（一）

福特出生之後，威廉夫婦又陸續生下了五個孩子。作為長子，福特從父母那裡得到了得天獨厚的關懷。在父母的苦心經營之下，家裡的農場也一天天的擴大。到西元一八六五年四月南北戰爭結束之時，威廉名下的土地已達近千畝。

南北戰爭獨立了黑人奴隸，確保了美國的統一，為資本主義商品經濟的發展提供了大量的廉價工作力和廣闊的市場。與此同時，來自歐洲各國的移民也將第一次技術革命和正在進行的第二次技術革命的成果帶到了新大陸，將其應用到各行各業之中。從此，美國的工業便走上了快車道，迅速追趕英、法等老牌資本主義國家。

在資本主義商品經濟快速發展的同時，福特也在父母的精心照顧之下一天天長大。西元一八六九年一月十一日，五歲的福特被送到蘇格蘭殖民地學校讀書。和大多數的男孩子一樣，福特雖然非常聰明，但是卻十分好動，根本提不起唸書的興趣。

在所有的課程中，福特最喜歡的是數學課，其次是朗讀課。至於其餘的課程，他簡直一點興趣都沒有，最討厭的就是拼寫課。每次上拼寫課的時候，福特總是一副心不在焉的樣子。結果他的拼寫課成績非常差，幾乎是全班出錯最多的學生。

福特的同桌埃德索爾·魯迪曼是全班成績最優秀的學生，但是也非常調皮。他們兩人常常串通起來搞一些惡作劇。有一次，福特和埃德索爾在校園的草地上抓了一隻毛毛蟲。福特說：

「嘿，埃德索爾，讓我們玩一些刺激的吧！」

埃德索爾馬上附和道：

「怎麼玩？」

福特回答說：

「坐在我們前面的法蘭西斯可膽小，像女孩子一樣。我們幫幫他，鍛鍊一下他的膽量吧！」

說著，福特看著手中的毛毛蟲，狡黠的一笑。埃德索爾馬上明白了福特的意圖，眉飛色舞的說：

「好極了！福特，這真是一個好主意！」

上課的時候，福特和埃德索爾悄悄將毛毛蟲塞進法蘭西斯可的襯衫裡。法蘭西斯可感覺背上有東西爬來爬去，伸手一摸，居然捏出一隻毛毛蟲。他愣了幾秒，隨即用力的將毛毛蟲甩出去，嚇得哇哇大哭起來。福特和埃德索爾則在一旁手舞足蹈的大笑起來。

老師走過來，一邊安慰法蘭西斯可，一邊問道：

第二章　熱愛機械的少年

「親愛的法蘭西斯可，怎麼了？」

法蘭西斯可抹了抹眼淚，憤恨的看著福特和埃德索爾，委屈的回答：

「他們把毛毛蟲塞進我的襯衫裡。」

老師看了看福特和埃德索爾，厲聲問道：

「亨利，埃德索爾，看看吧，你們這兩個壞小子都做了什麼啊！」

福特馬上站起來回答說：

「我們只不過想幫幫他，訓練法蘭西斯可的膽量而已。」

老師無可奈何的搖了搖頭，冷冷的說：

「兩位先生，非常抱歉！不管你們是出於什麼目的，在課堂上搗亂就要受到懲罰。我想，你們自己知道接下來應該怎麼做了？」

福特和埃德索爾相互對望，眼睛裡流露出不屑的神情，默默的走向教室的角落。他們兩人早已習慣老師的這種懲罰方式。每次犯錯，老師都會讓他們在角落裡罰站。

福特和埃德索爾對這種懲罰方式頗不以為然。多年之後，當福特名揚天下之時，他和埃德索爾回憶起當年的經歷時說：

「嘿，埃德索爾，你不覺得被罰站也有好處嗎？特別是在冬天。罰站的位置是教室黑板的旁邊，那裡緊挨著教室唯一的火爐，非常暖和。好多次，我都要打盹了。」

埃德索爾哈哈大笑道：

「正是，正是！我想，我們倆是班上最幸運的學生了。」

（二）

福特除了不喜歡讀書，對瑣碎的農業工作也沒什麼興趣。威廉是個典型的愛爾蘭人，對土地情有獨鍾。他堅信，耕種土地是上帝授予農民的神聖職責，鄉村是培養紳士最好的場所；而城市則是萬惡之源。因此，從福特出生的那一刻起，威廉就想把他培養成一個像自己一樣出色的農場主。

遺憾的是，威廉的教育方式簡單又粗暴。他總是用體罰的方式，強迫福特從事農業工作。正所謂「有心栽花花不開，無心插柳柳成蔭」，福特漸漸對除草、擠牛奶、剪羊毛之類的農業工作產生了厭惡之情，倒是對農場上的各種農具和機械產生了濃厚的興趣。一有機會，福特就會躲在角落裡，把各種農具和機械拆開，然後再按照原樣裝回去。

有一次，福特又躲在倉庫裡拆卸農具。他如此專心，連阿道夫悄悄湊近都沒有發現。阿道夫是父親僱傭的農場工人，為人隨和，十分喜歡聰明的福特。看著福特專注的

第二章　熱愛機械的少年

在拆裝農具，阿道夫不禁讚嘆道：

「真是一個天生的能工巧匠！」

福特從專注中回過神來，尷尬的看著阿道夫，懇求道：

「阿道夫先生，你能幫我保密嗎？我不希望爸爸知道這件事情。你知道，如果知道我私自拆裝農具，他一定會十分氣憤的！」

阿道夫友好的攤開雙手，眯著眼睛說：

「親愛的小亨利，放心吧。這是我們兩個人的祕密。」

福特起身拉住阿道夫的大手，感激的說：

「謝謝你，阿道夫先生。」

就這樣，這對忘年交坐在倉庫的角落裡，有一搭沒一搭的聊起來。突然，阿道夫的懷錶露了出來，福特立即被這個小巧的精密儀器吸引住了。他一把抓過阿道夫的懷錶，放在耳邊聽錶針走動時發出的「滴答」聲，然後疑惑的問：

「阿道夫先生，為什麼懷錶能夠精確的計量時間呢？」

阿道夫抓了抓頭，說：

「我的大科學家，你的問題把我難倒了！我想，你應該自己動手去尋找答案。何不把這塊懷錶拆開，看看它是如何走動的呢？」

福特瞪大了眼睛，惶恐的望著阿道夫的眼睛，追問道：

「我真的可以打開嗎？」

阿道夫用力點了點頭，微笑著說：

「是的，孩子。」

就這樣，在阿道夫的鼓勵下，福特第一次用一根細小的螺絲刀撬開了錶的後蓋。看著懷錶裡的小齒輪飛快的轉動著，福特自信的說：

「我想，我找到了未來的職業。或許，我能成為一個不錯的鐘錶匠。」

阿道夫附和道：

「不錯，孩子！我也是這樣認為的。」

從此，福特的興趣便從粗笨的農具和機械轉到了諸如懷錶、音樂盒之類的精密儀器上。有一次，福特偷偷拆開了妹妹瑪格麗特（Margaret Ford）的音樂盒。當瑪格麗特看到自己喜歡的音樂盒被福特拆得七零八落時，「哇」的一聲哭了起來。

威廉聽到女兒的哭聲，急忙跑過來察看。瑪格麗特委屈的說：

「爸爸，你送給我的音樂盒被福特拆壞了。」

第二章　熱愛機械的少年

威廉生氣的向福特吼道：

「亨利，你都做了些什麼啊！」

福特不好意思的說：

「我只是想看看它為什麼能發出動聽的音樂。」

威廉聳了聳肩，無可奈何的說：

「那麼，現在你知道了嗎？」

福特回答說：

「還沒有完全弄明白。不過，我已經看出了一些端倪。」

威廉又說道：

「那麼，你能把它再裝上嗎？」

福特肯定的回答說：

「這沒問題。」

說著，福特便把拆得七零八落的零件重新組裝起來。僅僅過了幾分鐘，他便把音樂盒裝好，遞到瑪格麗特的手中。

瑪格麗特抹了抹眼淚，打開音樂盒，悅耳的音樂隨之響了起來。她立即破涕為笑，仰頭對威廉說：

「爸爸，快聽，跟原來一模一樣。」

威廉嘆了口氣，輕聲道：

「感謝上帝！瑪格麗特，妳和哥哥們要保管好自己的東西，別再讓亨利特給卸了！」

（三）

或許是對福特的期望太高了，威廉對他很嚴厲，也不喜歡他做那些純科學實驗。一天晚上，當孩子們都睡著了之後，威廉對妻子瑪麗說：

「我們的福特是個機械天才，但是我不知道他做的這些純科學實驗對一個農民有什麼用處。我想我得告訴他，我不反對他拆卸機械，但是他的實驗最好對農場能有點用處。」

與丈夫不同的是，瑪麗並不打算干涉孩子們將來的職業選擇。她對丈夫說：

「對男孩子來說，有點好奇心並不是什麼壞事。我想，我們不應該干涉他的愛好和未來的職業選擇。」

威廉回答說：

第二章　熱愛機械的少年

「可是作為長子，他無論如何都要承擔起對家庭的責任。」

接著，威廉又向妻子訴說自己當初是如何幫助父親還清貸款經營農場的。瑪麗安慰丈夫說：

「現在已經不同往日了。你看，工業發展得如此之快，當一名工匠也是不錯的選擇。如果福特不願意繼承農場，我們還有其他兒子呢！」

就這樣，在母親的支持下，福特有了一間屬於自己的小實驗室和一個小小的工具箱。工具箱裡面放著福特的「寶貝」：一塊父親送給他的懷錶，用母親的毛衣針製成的螺絲刀，用母親的胸針彎成的鑷子、鋸子和鑽孔機等等。有了這些「寶貝」，福特研究機械的興趣更濃了。每天吃過晚飯，福特就會忙不迭的鑽進實驗室，去修理那些從鄰居家搜集的各種廢舊鐘錶。有時候，他的實驗還十分危險。

有一次，福特正在客廳玩耍，突然聽到廚房發出「噗噗」的聲音。他跑過去一看，原來是瓦壺裡的水被燒開了，蒸氣衝出壺口發出的聲音。他大喊道：

「爸爸，水開了。」

威廉匆匆走過來，熄滅了爐火。福特站在一旁認真的看著，突然問道：

「如果水開了之後，把壺口堵住會發生什麼情況呢？」

威廉不知道福特怎麼會有如此怪異的念頭，心不在焉的反問了一句：

「你說呢？」

沒有從父親那裡得到答案，福特決定自己驗證將壺口堵住之後會產生什麼情況。有一次，福特看到學校教室的爐子上也燒了一壺水。水燒開之後，水蒸氣「噗噗」的從壺口往外冒。福特突然奇想，悄聲對好友埃德索爾說：

「我們來做一次實驗吧！」

埃德索爾問：

「什麼實驗？」

福特說：

「我們把壺口堵住，看看會發生事情？」

埃德索爾馬上附和道：

「好主意！我去找一些棉花來。」

幾分鐘後，埃德索爾將一團棉花交到了福特的手上。福特拉著埃德索爾一起圍住火爐，然後用棉花塞住了壺口。隨後，福特便和埃德索爾守在火爐旁，想看看會發生什麼事情。火爐裡的火在熊熊的燃燒著，瓦壺裡的水在「咕嘟咕嘟」的響著。

突然，「嘭」一聲巨響，瓦壺爆炸了。瓦壺的碎片和熱水飛散出去，擊碎了教室的玻璃。有一塊瓦片還擊中了福特的臉部，割出一道長長的傷口。埃德索爾幸運的躲過了一劫，居然安然無恙。當老師和同學們聞聲趕到之時，只見福特用手捂住臉上的傷口，喃喃的對埃德索爾說：

「原來會爆炸，原來會爆炸！」

福特的傷並不嚴重，但是臉上卻留下了一道永久的疤痕。威廉得知此事之後，十分氣憤，在重新裝上教室的玻璃後，狠狠的將兒子訓斥了一頓。從此，福特便得到了一個綽號——瘋狂的亨利。

（四）

西元一八七五年春，威廉一家遭遇了一場意想不到的災難。當時，瑪麗十月懷胎，即將臨產。十二歲的福特非常懂事，總是幫助母親做一些家務。威廉也承擔了農場上全部的活計，讓妻子安心養胎。但是非常不幸的是，瑪麗在生產後第十二天便悄然去世了。

母親的突然離世對福特的打擊非常大。和大部分荷蘭人一樣，瑪麗對環境衛生幾乎到了苛刻的程度。此外，她身上的優點還有很多，諸如講究秩序、有很強的忍耐力等。福特繼承了母親的大部分優點。成名之後，福特曾對身邊的朋友說：

「我從母親那裡學到了現代社會中的生存方法。她教會我，家庭幸福是一個人幸福的開始。……她給我勇氣，教我忍耐和自律，這是克敵制勝的法寶。她還教導我不要對那些永遠無法得到的東西寄予厚望。當我受委屈時，母親常說，生活會給你帶來許多煩惱，你時刻會面臨艱難、失敗和痛苦，但是你必須好好做。你可以有同情心，但是切記不要同情自己。」

母親去世之後，福特的性格變化很大。在那些日子裡，他寡言少語，經常一個人躲在角落裡黯然神傷。每當夜晚降臨之時，福特便會推開窗戶，望著茫茫夜空，喃喃自語道：

「這個家從此成了沒有發條的錶了！」

母親的去世還讓福特與父親之間的關係變得越來越緊張。他一直都認為，父親對母親的去世有著不可推卸的責任。因為威廉在瑪麗將要臨盆之時沒有去請助產士格安妮·荷穆茲。此前，家裡的六個孩子都是由格安妮接生的，她對瑪麗的情況非常熟悉。但是威廉卻自作聰明的請來了一位醫生。結果，那名醫生手忙腳亂的忙活了半天也沒能挽救新生兒的性命。

為此，傷心欲絕的瑪麗才病倒了，產後一直高燒不退，僅僅十二天後就離開了人世。在這件事上，福特一生都沒有原諒父親。

為了緩解心中的傷痛，福特白天拼命工作，晚上則把自己關在實驗室裡修理從鄰居家裡搜集來的廢舊鐘錶。他常常忙到深夜，直到凌晨才上床睡覺。威廉發現兒子的狀況不大正常，便千方百計的轉移福特的注意力。但是無論他怎樣努力，都無濟於事。

第二章　熱愛機械的少年

西元一八七六年七月，瑪麗已經去世一年多了，福特依然沒有從痛苦中走出來。有一天，威廉要到底特律售賣農產品，順便採購一些日常用品。為了緩和父子關係，威廉第一次讓福特跟自己一起駕駛馬車，到底特律去見見世面。

一路上，福特都坐在馬車上沉默不語。不善言辭的威廉也不知如何才能打破這種令人難堪的沉默，只有車輪發出單調的「吱呀」聲和馬蹄的「嗒嗒」聲不厭其煩的響著。突然，一陣急促的「哐哐」聲從遠處傳來，那匹拉車的老馬變得不安起來，踏著馬蹄，發出一串刺耳的嘶鳴。

威廉勒住馬，讓馬車停了下來。幾秒鐘之後，一台蒸汽機車拖著一車廂白石灰出現在公路上。威廉知道這種奇怪的車輛一定能引起兒子的興趣，便指著那輛無軌蒸汽車大聲說：

「亨利，快看！」

福特順著父親手指的方向看去，尖叫道：

「天吶，蒸汽機居然開到公路上來了！這簡直太神奇了！」

當時，蒸汽機是工業領域廣泛使用的動力機械。威廉的農場上便有幾台用於驅動大型農業機械的蒸汽機。由於體積笨重、效率低下，蒸汽機在交通領域中大多被用作火車和輪船等大型交通工具的動力源。十九世紀中期，法軍工程師康紐上尉第一次嘗試著將蒸汽機應用到無軌蒸汽車上。他想製造一種可以自行移動的跑車，但是效果並不理想。

後來，英國人亨庫克將康紐上尉的無軌蒸汽車改裝成了公共汽車。這種新型交通工具雖然十分笨重，但是由於沒有固定軌道的限制，在社會上引起了廣泛的注意。

亨庫克的蒸汽車模型很快就傳入了美國。一名叫尼可斯．薛帕德的商人立即發現了其中的商機。他以亨庫克的蒸汽車為原型，設計開發了新型無軌蒸汽車。

福特被眼前的景象驚呆了。他立即跳下馬車，向緩緩停下的汽車奔去。汽車的主人停下車，摘掉帽子，抱歉的對威廉說：

「先生，非常抱歉，我的機器驚擾了你的馬。」

第二章　熱愛機械的少年

沒等父親回答，福特便搶先道：

「先生，沒相關係。您能回答我幾個關於這台機器的問題嗎？」

那名司機微笑著說：

「非常樂意效勞，年輕人！」

福特一邊仔細觀察機器的結構，特別是傳動裝置的連接，一邊問：

「這台機器的轉速能達到多少？」

司機回答說：

「大約每分鐘兩百圈。」

福特讚嘆道：

「真了不起啊！」

隨後，熱心的司機回答了福特提出的所有問題。在父親的再三催促下，他才依依不捨的告別司機，目送著這台會走的機器漸漸消失在遠方。

自從見到這台會走的機器後，福特便註定要成為「汽車大王」了。多年之後，他曾感慨的說：

「也許就是在那一刻，我一生的命運都決定了。那台神奇的蒸汽機的出現也許真是上帝安排！」

第三章　獨自闖蕩底特律

思考是世上最艱苦的工作，所以很少有人願意從事它。

——亨利．福特

第三章　獨自闖蕩底特律

（一）

自從見到那台可以自己移動的蒸汽機之後，福特便被它迷住了。從此之後，福特越來越不願意讀書了，與家人交流也越來越少，而是將大部分精力都花在當他的「萬能工匠」上。除了上課和被迫做一些農務之外，福特不停的拆鐘修錶，不知疲倦的操作各式各樣的機械。而最讓他著迷的，還是那些能夠驅動蒸汽機運行的傳動裝置。

威廉非常擔憂福特的狀況，多次嘗試把他改造成出色的農場主，但是始終沒有成功。出於對死去妻子的懷念，威廉決定採納瑪麗的意見，不再干涉福特的職業選擇。就這樣，福特第一次有了充足的時間來實踐他腦袋裡各種奇奇怪怪的想法了。

在幾個弟弟妹妹中，福特和妹妹瑪格麗特的關係相對要好一些，偶爾他會跟瑪格麗特說說自己的心事。但是在家的時候，他更喜歡獨自一人陶醉在自己的世界裡。福特在學校裡的表現也不容樂觀。除了埃德索爾·魯迪曼之外，他幾乎沒有朋友。總之，自從母親瑪麗去世之後，「瘋狂的亨利」變得不再那麼瘋狂了，反而越來越沉默寡言了。平日裡，他總是一副心事重重的樣子。

有一天放學，福特和埃德索爾一前一後的往家裡走去。當走到河邊的小樹林時，福特突然停了下來，然後轉身對埃德索爾說：

「我知道我父親的想法，他也許對我很失望，但是他應該知道，我絕對不是自暴自棄的那種人。」

埃德索爾不知道該如何安慰自己的朋友，只能說：

「亨利，我知道你絕對不是那樣的人！」

福特把腳下的一顆小石子一下子踢進河中，喃喃的說：

「我總覺得自己是在等待著什麼。」

埃德索爾問：

「那麼，你在等待什麼呢？」

福特回答說：

「我也說不清楚。我想，我應該離開迪爾伯恩，到底特律去碰碰運氣。」

埃德索爾驚訝的說：

「嘿，亨利，我們還要上學呢！」

福特對著埃德索爾笑了笑，默然抬起腳，繼續向家中走去。埃德索爾跟在福特的身後，不禁搖了搖頭。他雖然十分喜歡古靈精怪的福特，但是卻越來越無法理解他的想法了。

第三章　獨自闖蕩底特律

福特確實在等待著什麼，但是他到底在等什麼呢？或許，他在等待一次表現自我的機會；或許，他在等待一種新的生活方式。總之，他不願意在迪爾伯恩默默無聞而又痛苦的生活下去了。

西元一八七九年十二月的一個早晨，福特和妹妹瑪格麗特、弟弟約翰（John Ford）一起向學校走去。當他們走到一個路口時，福特突然停下來對弟弟妹妹說：

「你們先去學校吧，我想先靜一靜。」

瑪格麗特知道哥哥的心情不好，便答應了。分手之時，她囑咐道：

「你一定要去學校啊！」

福特輕聲應道：

「我知道了。」

福特雖然嘴上答應著，但是瑪格麗特和約翰離開之後，他就改變了方向，走上了通往底特律城的密西根大道。途中，福特搭上了一輛馬車，來到了底特律。

底特律地理位置優越、氣候溫和、土地肥沃，非常適宜人類居住。歐洲殖民者到來之前，印第安人已經在此繁衍生息了數千年。十七世紀，一批殖民者來到這裡，其中一個名叫安東尼·凱迪拉克（Antoine de la Mothe Cadillac）的法國人發現這裡地理位置優越，便向法王路易十四遞交奏章，懇請他在底特律建設要塞，以便控制伊利湖到聖克雷爾湖之間的狹長水道，與北美另一個殖民大國——英國展開競爭。

狂妄自大、掠奪成性的路易十四立即指示海軍大臣蓬查特蘭（Louis Phélypeaux, comte de Pontchartrain）支持凱迪拉克的行動。西元一七〇一年的夏天，凱迪拉克率領一支由士兵、皮毛商和印第安人組成的探險隊沿底特律河溯流而上，到達了今天底特律城的位置。

隨後，凱迪拉克率部在那裡建起了軍事要塞，作為法國的殖民據點。為了紀念時任法國海軍大臣蓬查特蘭在這一行動中的功績，凱迪拉克遂以他的名字「底特律」來命名要塞。

要塞建成後，大批的法國移民陸續來到這裡，建起了五大湖地區最早、最大的移民區。到一八七〇年代，底特律城已經成為美國最重要的城市之一。城市已經初具規模，居民超過八萬人，工業產品的總量也排在美國各大城市的前列。

（二）

福特抵達底特律之時已經是中午了。當時，底特律的發展很快。福特曾多次隨同父

第三章　獨自闖蕩底特律

親到底特律售賣農產品和採購日常用品，雖然每次都來去匆匆，但是卻總有一種日新月異的感覺。

福特漫無目的的在大街上走著，不時張望街道兩旁高大的建築和琳琅滿目的玻璃櫥窗。突然，福特被一家鐘錶店的櫥窗吸引住了。一名鐘錶匠正趴在桌子上小心翼翼的修理鐘錶。福特湊上前去，趴在櫥窗上，出神的看著他的每一個動作。

福特這一看就是一個下午。直到太陽快要下山之時，他才意識到自己無處可去，只能原路返回。而此時，瑪格麗特和約翰已經將福特沒去學校的消息告訴了父親。威廉大發雷霆，怒罵道：

「這小子到底要做什麼啊！」

晚飯時分，福特回到家中。晚飯過後，威廉強忍著怒氣，低聲問福特說：

「你去哪裡了？」

福特默不作聲的站起來，頭也不回的向樓上的臥室走去。威廉望著兒子的背影，想發火，但是又擔心進一步增加父子間的矛盾，不得不強忍了下來。

就這樣，福特第一次離家出走事件便不了了之。但是僅僅幾天之後，福特便故技重施，又在上學的路上逃到了底特律。這一次，他的計畫周密多了。他打算先住在姑媽瑞貝卡的家中，然後再找一份工作。

瑞貝卡此時已經是佛萊霍蒂太太了，隨丈夫住在底特律城。福特很喜歡瑞貝卡姑媽。母親去世之後，瑞貝卡姑媽曾到迪爾伯恩照顧這個不幸的家庭，幫助威廉一家逐漸適應了沒有女主人的生活。福特隨父親進城時，曾多次去看望瑞貝卡姑媽一家，知道她家的住址。

瑞貝卡一家熱情的迎接了福特的到來。但是為了不使姑媽擔心，福特並沒有對姑媽說自己離家出走的事情。

第二天，福特就出去找工作了。雖然只有十六歲，但是憑藉多年拆裝機械累積下來的經驗，福特已經是一個相當熟練的技工了。在底特律這樣一個工業發展日新月異的城市，熟練的技工根本不用發愁找不到工作。因此，福特非常順利的被密西根車廂公司聘用了，日薪是一美元十分。這在當時已經算是很高的薪水了，足夠可以養活一家人。

傍晚時分，福特回到姑媽的家裡。一進門，他就發現威嚴的父親已經坐在客廳裡等他了。威廉發現兒子失蹤後，騎著馬找遍了迪爾伯恩的每個角落，急得都快要發瘋了。直到瑪格麗特發現福特帶走了幾件換洗衣服和他最珍貴的小工具箱時，威廉才明白兒子這次離家出走是一次有計畫的行動。

第三章　獨自闖蕩底特律

威廉喃喃自語道：

「我早就知道會有這麼一天的。」

作為父親，威廉知道自己與兒子之間的隔閡很深，也知道兒子心中嚮往的生活。但是無論如何，他都不能讓一個十六歲的少年獨自在外生活。於是，他自然而然的找到了妹妹瑞貝卡的家中。

福特平靜的看了看父親，低聲道：

「我已經在這裡找到工作了。」

威廉盯著福特的眼睛，平靜的問：

「那是一份什麼樣的工作？」

福特回答道：

「在密西根車廂公司當技工，日薪一美元十分。」

威廉點了點頭，輕聲道：

「我知道了！」

密西根車廂公司是底特律有名的大公司，員工多達二千多名。在十九世紀末，規模如此之大的公司尚不多見。因此，迪爾伯恩、底特律的居民大都知道這家製造火車車廂的企業。

威廉沉默了半晌，起身道：

「好吧，我的孩子，如果你喜歡這樣的生活，不妨去試一試。」

福特點了點頭，將父親送出大門。分手之時，威廉凝視著城市中的點點燈火，憂傷的說：

「我的孩子，城市是骯髒和腐敗的發源地，只有鄉村才是整潔和道德的。如果你以後改變了主意，我們隨時歡迎你回來。」

福特用力點了點頭，目送父親的馬車消失在黑暗中。從此，福特的少年時代澈底結束了，迎接他的將是與迪爾伯恩完全不同的生活。

（三）

上班之後，福特從瑞貝卡姑媽家裡搬了出來，自己租了一處小小的房間。令人意想不到的是，福特在密西根車廂僅僅工作了六天便被辭退了。更令人意想不到的是，他被辭退的原因居然是工作太出色了。

福特進公司之時，有一台機器已經壞了幾個星期了，車間主管修理了一個多星期也

第三章　獨自闖蕩底特律

沒有修好。福特自告奮勇的說：

「主管先生，是否可以讓我試一試呢？或許，我能修好它。」

車間主管根本看不上眼前的這個小男孩，輕蔑的回答說：

「我看還是算了吧，以免你越修越壞！」

年輕氣盛的福特很不服氣。一天下班之後，福特悄悄留在車間，僅用幾個小時便修好了那台機器，而且他還對機器的傳動裝置進行了一個小小的革新，提高了機器的工作效率。

第二天，這個消息便在密西根公司傳開了。工人們紛紛說：

「亨利真有兩下子，他居然修好了主管都沒有修好的機器。」

面上無光的車間主管感到了威脅。他暗想，如果讓福特繼續留在公司的話，他這個車間主管的位子很快就保不住了。於是，他找到福特，面無表情的宣布：

「非常抱歉，福特先生，你被解僱了。」

福特很意外，反問道：「為什麼？」

車間主管冷笑道：

「你未經許可，擅自拆裝公司的機器，這就是原因，你滿意嗎？」

福特抬眼望瞭望車間主管，聳了聳肩，無可奈何的說：

「好吧，我就知道，你們總會找到理由的。」

福特脫掉工服，氣憤的離開了密西根車廂公司。這段經歷讓福特想起了母親的教導。他喃喃自語道：

「還是媽媽說得對，別輕易露出你的全部本領。」

得知福特被辭退之後，威廉立即馬不停蹄的趕到底特律，將兒子介紹到一家黃銅廠當實習生。這家黃銅廠主要生產黃銅門閥、汽笛和鐘錶等儀器。由於規模較小，工人的工作強度很大，每週必須工作六十個小時才能勉強度日。

作為實習生，福特的境遇比普通工人還要差一些，每週只有兩美元五十分的薪水。這點可憐的薪水根本無法平衡收支。光是房租和伙食費，福特每週就要支出三美元五十分。

但是福特依然決定留下來。因為這家黃銅廠的規模雖小，但是在業界卻享有盛譽。一方面，工廠的歷史悠久，加工工藝精湛；另一方面，工廠有一套獨特的培訓制度，幫助員工提升職業技能。很顯然，對年輕的福特而言，技術培訓對他的吸引力遠比每週多賺幾美元要有吸引力得多。在這裡，福特很快就學會了一項非常重要的工作技能——設計圖紙。這項技能對他日後的發展起到了龐大的作用。

為了平衡收支，福特不得不在工作之餘想方設法的打些零工。他與房東太太約定，房間裡所有的煤氣燈都由他負責保養和修理，房東每一週或兩週不定期的支付給他二美元的費用。

除此之外，福特還在一家賣珠寶和鐘錶的商店找到了一份維修鐘錶的工作。店主羅伯特．馬吉爾是一個非常精明的商人。他以福特年齡太小為由，將每晚的薪酬壓到五十美分，而且將工作時間延長了一個小時。

每天晚上，福特都拖著疲憊的身體從鐘錶店向自己的住處走去。他不喜歡底特律城的夜晚。由於工業發展過快，環境汙染和能源不足的弊病很快就暴露出來了。夜晚，在昏黃的煤氣燈和石油燈的照射下，大氣中的顆粒汙染物清晰可見，但是卻看不清路。即使如此，為了節省能源，市政府議會依然專門作出決議，規定每個月要有一週的時間關閉路燈，只依靠月光照明。

（四）

西元一八八〇年初夏，福特的薪水增加到了每週三美元，但是薪水的提高已經留不住福特的心了，他考慮再三，主動辭去了黃銅廠的工作，因為他覺得在「這裡已經學不到任何東西了」。離開黃銅廠之後，福特打算進入德萊．多克造船廠工作，因為那裡有各種型號的蒸汽機。

任何一家公司都無法拒絕像福特這樣技術精湛而又年輕的技工，結果福特不但是順利的進入了德萊．多克造船廠，還被分到了專門製造船塢蒸汽機的分廠。由於缺乏相關的工作經驗，福特只能從學徒工開始做起，每週的薪水只有兩美元五十分。

每天面對著各種型號的蒸汽機，福特興奮極了，工作也非常投入。廠裡主管設計的工程師佛蘭克．柯爾比非常喜歡這個肯做的年輕人，也樂意指點他。

有一天，福特推著一輛裝滿零件的獨輪手推車從狹窄的跳板往船舷上推去。在高高的跳板上，獨輪手推車總是左右搖晃，福特緊張得額頭直冒汗。正在這時，地面上傳來了柯爾比那洪亮的聲音：

「孩子，站穩腳跟，兩眼平視前方，你一定會成功的！」

福特照著佛蘭克．柯爾比所說的去做，獨輪手推車果然不再搖晃了。多年之後，福特回憶當時的情景依然感慨的說：

「從此以後，我就站穩了腳跟。」

第三章　獨自闖蕩底特律

可以說，佛蘭克．柯爾比是福特一生中遇到的第一個良師益友。在他的指導下，福特在工程機械方面的知識日益豐富起來，技術也越來越精湛。成名之後，他並沒有忘記佛蘭克．柯爾比對他的教導。當愛迪生博物館落成時，他鄭重其事的將佛蘭克．柯爾比的名字刻在博物館的名人錄上。

在造船廠工作期間，福特第一次聽說歐洲大陸上已經出現一種新型動力機械——汽油引擎。在一次午休時，福特又像往常一樣翻閱幾本介紹動力機械的雜誌。突然，一篇文章引起了他的注意，文章的題目是《異想天開的設計方案——汽油引擎》。

當時，蒸汽機幾乎是所有機械的動力源。在人們的印象中，除了蒸汽機之外，似乎再也沒有能夠機械運轉的裝置了。所以，《異想天開的設計方案——汽油引擎》這篇文章的作者也是以懷疑的口氣和戲謔的筆調介紹汽油引擎的。

福特本人也堅信，發明汽油引擎幾乎是不可能的事情。他一邊翻看文章，一邊搖著頭，並嘆氣道：

「這怎麼可能呢?」

但是看著看著，福特便開始懷疑自己的觀點了。早在西元一八六七年時，德國工程師尼古拉斯．奧古斯特．奧托便在巴黎世界博覽會上展出了四行程迴圈的自由活塞動力機。他曾說：

「蒸汽引擎太過於龐大，為適應小型工廠的需要非得開發內燃引擎不可。」

經過不懈的努力，奧托終於在西元一八七六年製造出了一種新型動力機械——以煤氣為燃料的四衝程內燃機。不過，由於技術尚不成熟，這種新型機器並沒有進入實用領域，但是首次採用的四衝程迴圈方式對汽油引擎的誕生起到了十分重要的作用。

但是福特看完了這篇責罵奧托的文章之後，他的觀點悄然發生了變化。奧托的一些觀點和設計創意都牢牢的留在他的腦海裡。

福特在造船廠工作了兩年，轉眼就到了西元一八八二年。此時，福特已經從學徒成長為一名出色的機械師了。他的薪水提高了，生活也穩定了，但是他的內心深處卻再次躁動起來。他的眼前經常浮現多年前見到的那台蒸汽機車的影子。在無數個夜晚，他都躺在床上想：

「或許，我也能造出可以自己移動的機器，代替人們普遍使用的馬車。」

於是，福特在工作之餘差不多走遍了底特律城的所有工廠，想找一個更適宜的環境，以便能在蒸汽動力機械方面有更大的建樹。他甚至自己動手製造了一台小型蒸汽機，並把這台機器接在住所後面的水管上，機器能產生一點五匹馬力的功率。這也是福

第三章　獨自闖蕩底特律

特製造的第一台引擎。

然而，一個剛剛年滿十九歲的年輕人想在底特律出人頭地並不是一件容易的事情。經過數次碰壁之後，福特感到了一種前所未有的失望。西元一八八二年秋，福特辭去了在德萊．多克造船廠的工作。

辭職後，福特曾打算生產一種價格低廉的手錶，以五十美分的價格出售。但是精打細算後他才發現，如果將售價定在五十美分的話，扣除生產成本之後，他必須年產六十萬塊手錶才能實現盈虧平衡。福特幾乎被這個數字嚇了一跳！他將稿紙揉成一團，扔在垃圾桶裡，喃喃的說：

「天吶，六十萬塊手錶！我賣給誰呢？」

生產廉價手錶的想法雖然沒能實現，但是他的心中卻產生了一個堅定的想法——如果能生產一種成本低、品質好、產量高、價格便宜的工業產品，就一定能在大眾中引起轟動，賺到大錢。從此之後，福特的一切努力都在朝著這一方向發展。

第四章　幸福甜蜜的婚姻

當你思索你能做某件事，還是不能做的時候，你已經是對的了。

——亨利·福特

第四章　幸福甜蜜的婚姻

（一）

西元一八八二年秋天，福特獨自一人在底特律闖蕩了兩年多之後，又回到了自己的家鄉迪爾伯恩。兩年不見，弟弟妹妹們都長大了許多。約翰已經能幫助父親打理農場了，瑪格麗特則承擔了所有的家務工作。

每天，福特都在弟弟妹妹們的包圍下給他們講述他在底特律的見聞，而父親總是站在一旁靜靜的聽著。對福特的歸來，最高興的就是父親威廉了。他熱愛鄉村，討厭城市，不希望孩子們沾染上城市裡的種種惡習。他真心認為，福特在底特律碰壁之後再也不會返回城市去了。但是他很快就發現，這不過是自己的一廂情願而已。

有一次，福特幫父親處理完農務後，便跟父親一起坐在樹蔭下小憩。威廉望著已經長大的兒子，盡量以一種朋友的口吻問道：

「嘿，亨利，這次不會再回到那骯髒、罪惡的城市裡去了吧？」

福特目不轉睛的望著遠方，平靜的回答說：

「您知道，雖然回了家，但是這絕不表示我已經放棄了自己的愛好。」

威廉停頓了一下，喃喃道：

「我不想勉強你去做你不願做的事。不過，如果你改變了主意，我們隨時都在家裡歡迎你回來。」

福特點了點頭，起身朝家裡走去。威廉望著兒子的背影，遺憾的搖了搖頭。威廉正要起身，忽然看見鄰居約翰．葛里遜從遠處跑了過來。威廉喊道：

「嘿，約翰，發生了什麼事情？」

約翰．葛里遜高聲回答說：

「聽說你的兒子亨利回來了。我的製材廠剛買了一台很貴重的蒸汽機，現在出了點問題，蒸汽機公司派來的操作員也無可奈何，能不能請你的兒子幫我修理一下？」

威廉喊住福特，快步趕上去，對他說：

「約翰的蒸汽機出了問題，他找你去幫忙呢！」

福特聽完父親的話，馬上轉身跟約翰一起趕往製材廠。在走到製材廠的後院，看到威斯汀豪斯公司製造的蒸汽機時，福特不由得讚嘆道：

「這果真是一個寶貝啊！」

威斯汀豪斯公司是美國當時最著名的蒸汽機製造商之一，生產的蒸汽機十分珍貴。約翰買機器時，公司為他指派了一名操作示範員。但是由於這位年輕的操作員害怕高速運轉的機器、不敢靠近，根本無法熟練的給工人們做出示範。因此，這台珍貴的機器在

第四章　幸福甜蜜的婚姻

操作不當的情況下很快就出了問題。

福特仔細研究了機器，尋找問題所在。蒸汽機構造雖然大同小異，但是各個廠商的產品還是有差異的。像威斯汀豪斯公司生產的這種機型，亨利就從來沒有接觸過。但是，兩年多的工作經驗和苦心鑽研終於派上了用場。亨利小心翼翼的拆開了機器，把所有的零件都擦洗一遍，然後一邊研究，一邊將蒸汽機重新組裝起來。傍晚時分，沉默已久的機器終於重新發動起來。

約翰．葛里遜非常高興，他感激的握著福特的手，大聲道：

「亨利，我真不知道該如何感謝你！」

福特笑了笑，回答說：

「不必客氣！」

說著，福特轉身想要離開。這時約翰．葛里遜突然又說：

「如果機器再出問題可怎麼辦呢？亨利，你的技術如此精湛，不如就由你來操作它吧！」

福特對這個提議很感興趣，隨即停住腳步，驚訝的反問道：

「我真的可以操作這台機器嗎？」

約翰．葛里遜微笑著點點頭，說：

「你不但可以操作這台機器，每天還能得到三美元的報酬。以後，就由你帶著它去為大家服務吧！」

就這樣，福特剛從底特律回到迪爾伯恩不久就找到了一份與機械師身分相稱的工作。在繁忙的秋季，福特帶著這台機器從一個農莊到另一個農莊，幾乎走遍了密西根的每個角落。忙碌了三個多月之後，福特不但是得到了三百多美元的報酬，「機械師亨利」的美名也在密西根傳開了。

（二）

西元一八八二年，秋收季節剛剛結束，威斯汀豪斯公司派駐密西根的代表便慕名找到了福特，直截了當的問他是否願意做該公司在密西根地區的機器維修師和業務推銷員。福特喜歡與蒸汽機打交道。更何況，這份工作相對比較輕鬆，除了農忙時節之外，幾乎沒有什麼事情。而且，威斯汀豪斯公司許諾的報酬也十分豐厚。

福特興奮的回答說：

「當然願意！我可真是一個幸運兒！」

第四章　幸福甜蜜的婚姻

就這樣，福特幸運的成為威斯汀豪斯公司的員工，每天身背工具箱，騎著馬在密西根半島奔波，在幫助農民們維修蒸汽機的同時，也向眾人推銷新型機器。村民們都非常喜歡這個工作勤奮的年輕人。在迪爾伯恩附近，無論哪個村子有社交活動，大家都不會忘記邀請「機械師亨利」來參加。

在美國，跳舞是社交場合不可或缺的活動。福特相貌清秀、長得高高瘦瘦的，是女孩們青睞的舞伴。然而，他卻對跳舞一竅不通。

有一次，福特和妹妹瑪格麗特一起去參加舞會，一個年輕活潑的女子走上前來，大方的對福特說：

「聰明的機械師，你願意邀請我跳一支舞嗎？」

福特尷尬極了，紅著臉，吞吞吐吐的回答說：

「美麗的女孩，十分抱歉，我不懂得跳舞。不過，我會努力學習的。」

直到此時，福特才發現，由於他把精力都集中在機器上，自己的生活與同齡人相比實在太枯燥了。於是，他決定跟妹妹瑪格麗特學習跳舞。瑪格麗特是迪爾伯恩的社交明星，不但是交遊廣泛，舞技在當地也首屈一指。在瑪格麗特的指導下，福特的進步神速，很快就成了舞會上的「王子」。

秋去冬來，時光荏苒，福特在忙忙碌碌中迎來了西元一八八五年的新年。迪爾伯恩有一個傳統，就是居民們在每年新年的夜晚都會趕到附近的格林菲爾德區的馬丁德爾旅館去參加狂歡舞會，與鄰近幾個區的居民共同迎接新年的到來。

黃昏時分，福特一家穿著節日的盛裝，乘坐馬車來到了馬丁德爾旅館。裝飾華麗的旅館裡已經擠滿了人，熙熙攘攘的，十分熱鬧。福特穿著考究的黑色禮服，微笑著走到人群裡跟朋友們打招呼。他絲毫沒有注意瑪格麗特已經悄然離開家人，與一名穿著綠色長裙的少女站在一起，一邊指著福特，一邊還在低聲說著什麼。

當音樂響起的時候，福特順手從侍者的手中接過一張節目單，站在角落裡認真看了起來。就在這時，瑪格麗特拉著那名綠裙少女走了過來，輕聲道：

「亨利，我來給你介紹一位朋友。」

福特放下手中的節目單，抬眼望見眼前一位美麗的綠裙少女正站在瑪格麗特的旁邊，笑盈盈的看著他。多年之後，福特在回憶當時的情景說：

「我一下子就被這位小姐深深的吸引了。」

瑪格麗特見福特有些手足無措，便提醒道：

「她是克拉拉（Clara Jane Bryant），你們以前見過面。就在幾個月前的秋天月光舞

第四章　幸福甜蜜的婚姻

會上，我們四個人還一起跳方陣舞呢！」

亨利一下子就想起來了。在秋收時節的月光舞會上，他碰上了曾在底特律的同事瑞克．哈特。當兩人談興正濃時，瑪格麗特帶來了一個夥伴邀請他們一起跳在當時十分流行的四人方陣舞。那其中的一位少女，就是眼前的克拉拉。

當時，克拉拉留給的福特的印象是「開朗、友善，有一個寬寬的下巴」。不過，由於是晚上，福特並沒有看清克拉拉的相貌。再加上瑞克．哈特有一些技術難題要向他請教，他們只跳了一會兒便離開了舞場。等他們回來時，瑪格麗特和克拉拉已經走了。

這一次，福特藉著明亮的燈光看清了克拉拉的相貌。她身材勻稱、相貌清秀、淺淺的微笑中蘊藏著無盡的溫柔與恬靜。瑪格麗特對著哥哥神祕的眨眨眼，找個藉口走開了。

福特會意，立即邀請克拉拉跳舞。在悠揚的音樂聲中，他們翩翩起舞，一曲接一曲的跳著，幾乎忘記了時間。直到曲終人散，他們才戀戀不捨的分開。

就這樣，一段美好的姻緣拉開了序幕。

(三)

十九歲的克拉拉．簡．布萊恩是格林菲爾德區一個富有的農場主之女。她聰明、活潑、為人誠懇，善於從不同的角度去觀察別人和思考問題。在很早之前，他就與福特的妹妹瑪格麗特成了十分要好的朋友。所以在認識福特之前，她已經從瑪格麗特那裡聽說了不少關於福特的事情。

在第一次見到福特之後，情竇初開的克拉拉便愛上了他。細心的瑪格麗特很快發現了這一點，因此才有了舞會上那令人難忘的一幕。

克拉拉回到家後，立即拉著母親向她訴說自己的心事。母親打趣道：

「我們的小公主戀愛了。他是誰家的青年？」

克拉拉羞澀的說：

「是迪爾伯恩福特家的亨利。」

母親對福特一家略有所聞，對「機械師亨利」也頗有好感。克拉拉見母親不反對，便嘰嘰喳喳的說開了。她說：

「亨利是個與眾不同的人，他並不像其他人一樣，只會談論音樂和別人的瑣事。他很誠懇的對我談起了他以前的經歷。」

第四章　幸福甜蜜的婚姻

此時，福特和瑪格麗特尚在回家的路上。瑪格麗特便好奇的問哥哥：

「你對克拉拉的印象如何？」

福特望著遠方，深情的說：

「我和她僅僅相處半小時後就明白了，她就是我的『瑪什』！」

聽到福特的話，瑪格麗特「哈哈」大笑起來。「瑪什」是當時非常流行的一句俏皮話，意為「情人」。

從此之後，幾乎在所有的舞會上，克拉拉都是福特忠實的舞伴。隨著相互了解的加深，克拉拉對福特與眾不同的性格也有了更深的了解。當舞會進行到一定時間時，福特總會習慣性的看看手錶，然後遺憾的對克拉拉說：

「我得去研究機器了。」

克拉拉從不為福特的失禮生氣，反而覺得他是一個有理想的青年。她認為，既然愛一個人，就應該理解他、支持他的事業。

就這樣，兩人的關係穩定而又迅速的發展著。冬天的時候，福特買了一輛輕便的雪橇，特意漆成克拉拉喜歡的綠色，然後拉著她在冰封的河上滑冰；到了夏天，他又帶著克拉拉一起騎馬或坐馬車到森林裡去野炊；當收穫的季節來臨之時，亨利乾脆把克拉拉抱上自己駕駛的蒸汽機車，讓她坐在自己的身邊，一起去為農民們服務。

西元一八八六年二月十四日，福特和克拉拉迎來了他們相戀後的第一個情人節。福特親手製作了一種雙面手錶，作為禮物送給克拉拉。隨著禮物一起送到克拉拉手中的，還有一封熱情洋溢的情書。克拉拉感動極了，不但將福特送給自己的雙面手錶視若珍寶，還將福特寫給自己的情書精心收藏起來。

看著福特與克拉拉雙雙墜入情網，最高興的莫過於威廉·福特了。每次目送兒子衣冠楚楚、步履匆匆的去赴約時，他便坐在客廳裡，開心的端起盛滿威士忌的酒杯。和大多數愛爾蘭移民一樣，威廉嗜好飲酒，但是福特卻最討厭喝酒。威廉深知這一點，所以很少當著孩子的面喝酒。

多年以來，威廉始終沒有放棄將福特培養成農場主的願望。他希望兒子能夠盡快從那些「該死的機器」中擺脫出來，安心務農，為弟弟妹妹們樹立一個榜樣。但是威廉知道，兒子不願意務農，他有自己的想法、有自己的理想。當福特離家出走，到底特律工作之時，威廉幾乎絕望了。現在，他心中的希望之火再次燃燒了起來；他希望出身農場主之家的克拉拉能夠把兒子留在迪爾伯恩。他曾喃喃自語道：

「這大概是留住亨利唯一的一次機會了！」

第四章　幸福甜蜜的婚姻

西元一八八六年秋天，威廉將一塊叫作莫爾的林地送給福特，作為他將來成家立業的物質基礎。林地大約有五百畝，長滿了橡樹、楓樹和榆樹等硬木。林子的中間還有一間布置精巧的小木屋，供伐木者居住。

得到林地之後，亨利很快就搬進了小木屋。他辭去了威斯汀豪斯公司的工作，全心經營自己的事業。他在林地裡建造了一座小小的伐木車間，將砍伐下來的木材運到車間裡加工。但是在砍伐和加工木材的同時，福特並沒有放棄研究他的機器。他利用伐木賺的錢在小木屋旁新蓋了一座實驗室，還買了兩台蒸汽機。每天晚上，他都守在實驗室裡拆拆卸卸，一直忙到凌晨。

此時，福特已經明白他從少年時代就開始等待的東西到底是什麼了。他曾對妹妹瑪格麗特說：

「瑪格麗特，總有一天，我會把馬車繫在星星上的！」

（四）

西元一八八八年四月十一日，克拉拉迎來了二十二週歲的生日，也迎來了她與福特的婚禮。婚禮是在格林菲爾德的福特的岳父布萊恩先生家中進行的。那天，福特穿著一套藍色西裝，頭髮從中整齊的分開，抹上髮油。新娘克拉拉則穿著由自己親手縫製的潔白的結婚禮服，長長的頭髮盤在頭頂，別著一枚母親瑪莎從英國帶來的老式髮夾。

福特的父親威廉和克拉拉的母親瑪莎分別作為男方和女方的證婚人，端端正正的站在客廳的中央，見證了福特和克拉拉的愛情。當福特從岳父布萊恩先生的手中接過克拉拉的手之時，在場的親戚朋友都報以熱烈的掌聲。

牧師莊嚴的問：

「亨利．福特先生，請問你是否願意娶克拉拉．簡．布萊恩小姐為妻？不論富有還是貧窮，健康還是疾病，你都願意與她相伴終生嗎？」

福特微笑著望瞭望克拉拉，又將目光轉向牧師，嚴肅的回答說：

「我願意。」

牧師又轉向克拉拉，問道：

「克拉拉．簡．布萊恩小姐，請問妳是否願意嫁給亨利．福特先生？不論富有還是貧窮，健康還是疾病，妳都願意與他相伴終生嗎？」

克拉拉羞澀的看了福特一眼，低聲回答說：

「我願意。」

第四章　幸福甜蜜的婚姻

在親友的祝福聲中，福特和克拉拉交換了結婚戒指。牧師隨即莊嚴的宣布：

「亨利．福特與克拉拉．簡．布萊恩正式結為夫妻。」

新房裡堆滿了親朋好友送來的結婚禮物，其中有一座古樸典雅的座鐘。這是威廉送給兒子的禮物。威廉知道，兒子喜歡鐘錶，便投其所好的送了這麼一件特殊的禮物。福特感動極了。當他看到父親的禮物時，眼裡充滿了晶瑩的淚水。

婚禮結束後，福特帶著克拉拉乘著馬車直接來到莫爾林地。在廣闊的森林裡，福特和克拉拉一天到晚忙個不停。他們在小木屋旁選了一塊開闊地，打算建造一座真正屬於自己的樂園。晚上，在明亮的煤氣燈下，夫妻兩人熱烈的討論，描繪著他們未來的家園。福特幸福極了。自從母親瑪麗去世之後，他從來沒有這樣開心過。

為了感謝克拉拉給自己帶來的快樂，福特打算按照克拉拉的設想，將新家建成真正的鄉間別墅。他設計草圖，然後又根據草圖計算所需的木料，再去林中砍伐樹木。在婚後的幾個月裡，莫爾林的終日迴響著蒸汽機的轟鳴聲。

見福特夫婦在莫爾大興土木，最高興的莫過於威廉了。在他看來，這似乎是兒子打算長期定居鄉間的徵兆。於是，他便打發瑪格麗特和約翰等人去幫助哥哥。經過幾個月的忙碌，被克拉拉命名為「方屋」的新木屋終於建造起來。

新木屋完全是按照美國鄉間流行的樣式建造的。房屋分為上下兩層，每層都裝飾著鄉間流行的長廊和雕滿各種圖形花紋的護欄。在屋子的後面，福特還開闢了一片菜園。克拉拉在那裡親手種下了各式各樣的蔬菜。

就這樣，福特夫婦在莫爾林的建起了屬於他們自己的樂園。在這裡，他們盡情享受著新生活的樂趣。有時，亨利操作蒸汽機在林中砍伐木材，克拉拉則坐在木屋的長廊上做針線活，並時不時的下樓為丈夫送一杯熱水或一條毛巾；有時，他們會在一起工作，或在小菜園裡澆水除草，或給圍欄中的家禽餵食。

每到夜幕降臨的時候，福特就會一頭鑽進自己的實驗室中，沒完沒了的研究那些零件。克拉拉則一如既往的支持著丈夫的事業。每當這個時候，她就一個人坐在客廳的沙發上，一邊靜靜的看書，一邊等丈夫回來。在漫長的冬夜，福特還會陪著妻子圍在火爐邊談天說地。克拉拉有時也會坐到鋼琴前，為丈夫彈上一支悠揚的樂曲。

看著福特和克拉拉過得如此幸福，親朋好友都為他們感到高興。瑪格麗特就不止一次的對哥哥說：

「看，多麼溫馨的家庭生活啊！」

第四章　幸福甜蜜的婚姻

第五章　重返底特律

一個人能發現的最大驚喜，就是他做成了一件他過去想都不敢想的事。

——亨利·福特

第五章　重返底特律

（一）

在莫爾林地待的時間長了，一種前所未有的寂寞在福特的心中慢慢生長起來。他不僅擔心自己的理想無處安放，也擔心家庭的經濟來源。他曾對朋友說：

「五百畝的林地用不了多久就會被砍光的。」

幸運的是，「機械師亨利」的美名已在密西根地區傳開了。巴凱伊爾收割公司很快便慕名而來，聘任福特為機械師，負責該公司在底特律地區的農機產品的安裝和維修工作。巴凱伊爾收割公司的技術中心設在底特律。因此，福特要經常乘坐馬車到底特律去工作。

西元一八九一年秋收時節的一天，福特像往常一樣到底特律去上班。他一走進技術中心，就看見許多工友和機械師正圍著一台小巧的動力機讚嘆不已。福特湊上前去，大聲問道：

「各位，你們在看什麼呢？」

一名機械師頭也不抬的回答說：

「『沉默的奧托』，一種新型汽油引擎。」

「原來是汽油引擎啊！」福特搖著頭，回答說。

早在西元一八八三年，曾在奧托公司工作的工程師戴姆勒就製成了第一台四衝程往復式汽油引擎。由於當時的技術尚不成熟，早期的汽油引擎不但體積大、油耗高，輸出功率小，噪音也很大，所以沒有推廣開來。

那名機械師見福特搖頭，大聲說道：

「亨利，『沉默的奧托』與以往的汽油引擎不同。它是德國著名工程師尼古拉斯．奧古斯特．奧托（Nicolaus August Otto）製造的。工作時候的噪音非常小，所以我們才取名『沉默的奧托』。」

「奧托？」福特立即想起自己多年前在造船廠看到的那篇文章，「或許我應該仔細研究一下這台『沉默』的傢伙。」

那名機械師喊道：

「太對了，亨利，我們應該仔細研究研究它。聽說法國人已經利用它造出會自行移動的汽車了。」

其實，最早提出汽車概念，並將汽油引擎裝在汽車上的並不是法國人，而是德國人。西元一八八五年，德國著名工程師尼古拉斯．奧古斯特．奧托的助手哥特里伯．戴姆勒便將他和奧托製造的高速內燃汽油引擎用在車輛上。差不多在同一時之間，德國另外一名著名的工程師卡爾．賓士（Karl Friedrich Benz）也做了同樣的嘗試。

然而有趣的是，汽車在德國並沒有得到推廣，反而在法國迅速普及了。這主要是因為熱情、浪漫的法國人比古板、嚴肅的德國人更容易接受新生事物。

當福特第一次聽說「汽車」這一概念的時候，法國的勒瓦索爾（Émile Constant Levassor）已經對戴姆勒發明進行了進一步的改造，設計出了統一的汽車外型，構思出了現代汽車的基本結構。法國也由此成為當時世界上名副其實的汽車工業中心。在此後的十幾年裡，法國的汽車生產一直居世界首位。

福特蹲下身，仔細看了看被工友們稱為「沉默的奧托」的機器。他驚奇的發現，這台新型引擎與蒸汽機相比，完全是一件革命性的產物。它不但是重量輕、體積小、結構緊密、加工精巧，最令人驚嘆的是它獨特的四衝程循環系統設計方案。在第一衝程上，活塞把霧狀的燃料導入汽缸，第二衝程則負責把燃料壓縮，第三衝程是點火引爆裝置，而膨脹後的氣體則推動活塞衝向最後的第四衝程，然後排放出廢氣，又開始新一輪的迴圈。

回家之後，福特興奮的對克拉拉講起了在城裡的見聞。敘述完，他感到遺憾的說：

「我一直犯著一個極大的錯誤，從一開始我就錯了。我陷入了對蒸汽機的痴迷中，從而忽視了技術的新發展。現在我終於明白了，克拉拉，我所要製作還有完善的是一種裝在輪子上、能代替馬匹的驅動機器，但是這台機器的動力源不應該是蒸汽機，而應該是汽油引擎，像『沉默的奧托』一樣的引擎！」

克拉拉適時的提醒丈夫說：

「那麼，我們去哪裡弄一台汽油引擎呢？」

福特嘆了口氣，無可奈何的回答說：

「是啊，要想弄到一台汽油引擎的確不是一件容易的事情，鄉間的技術條件實在太有限了。」

(二)

為了製造汽車，福特到處尋找汽油引擎。不過，由於美國本土的工程師們尚未造出這種新型的引擎，只有到歐洲才能買到。但是千里迢迢的跑到歐洲去買一台引擎對福特來說並不現實，他暫時還沒有足夠的財力。

西元一八九一年冬的一天，福特突然對妻子說：

「既然暫時弄不到汽油引擎，我們就用蒸汽機代替吧！」

第五章　重返底特律

克拉拉十分支持丈夫的想法，她說：

「亨利，想做就做吧！」

得到妻子的支持後，福特立即投入到設計工作當中。每天晚上，他都坐在明亮的燈光下在稿紙上畫引擎和傳動裝置。某個週末晚上，福特突然想到了一個絕妙的設計。他瘋狂的大叫起來：

「克拉拉，快幫我拿些稿紙來。」

克拉拉正坐在客廳的鋼琴前看簡譜。聽到丈夫的喊聲，她本能的站起來，將手中的簡譜遞給福特。福特一拿到簡譜，便在背面的空白上面潦草的畫了一個引擎的簡圖。幾分鐘後，福特像個孩子似的大聲喊道：

「就是這個！克拉拉！這是我正在設計的汽車構造。」

聰明賢慧的克拉拉雖然看不懂那張潦草的簡圖，但是卻非常清楚丈夫正在做什麼。她摟著丈夫的脖子，高興的說：

「亨利，好好做吧！你一定會成功的！」

簡圖設計好之後，福特便把實驗室裡兩台蒸汽機拆下來，開始組裝他的「汽車」了。一個月後，兩台「會走路」的機器誕生了。遺憾的是，福特的設計並不成功，兩台機器中只有一台勉強向前行駛了三十多公尺，另一台則一動也沒動。

這次實驗的失敗促使福特產生了搬到底特律居住的念頭，因為城裡的技術條件要比迪爾伯恩先進得多。福特的內心十分矛盾，因為他的妻子克拉拉十分喜歡莫爾林地裡的這片樂園。但是如果繼續在迪爾伯恩住下去的話，他肯定會瘋掉的。幾個月後，福特終於鼓起勇氣，試探性的跟妻子商量起了搬到城裡去住的事。

克拉拉沉默了半晌，聲音低沉的反問道：

「亨利，我們一定要離開這裡嗎？」

福特攤開雙臂，將克拉拉攬入懷中，安慰道：

「親愛的，放心吧！只要有妳有我的地方，就會有一個幸福的家。」

克拉拉低聲啜泣著，哽咽著說：

「亨利，我支持你！無論你走到哪裡，我都會無怨無悔的跟隨你。」

福特感動極了！他深情的望著克拉拉，溫柔的說：

「愛迪生照明公司底特律分廠正在招聘一名機械工程師，我的朋友已經把我推薦給公司了。親愛的，妳知道，這個職位對我來說非常重要，而且收入也不錯。」

克拉拉低聲道：

第五章　重返底特律

「亨利，想做就去做吧！」

於是，福特帶著妻子克拉拉一起搬到了底特律，並在底特律的約翰大街租了一間雙臥室的住房。房間很小、光線也不太好，但是距離他上班的地方很近，只有幾分鐘的路程。他這樣做的主要目的就是為方便在下班之後利用公司的車間進行他的汽車實驗。

（二）

愛迪生照明公司底特律分廠是整個密西根地區最大的企業之一。它的創始人和擁有者是著名的發明家湯瑪斯．愛迪生（Thomas Edison）。愛迪生不僅是一個成功的發明家，也是一個出色的企業家。他發明電燈後不久便創辦了電力公司，為電燈用戶提供電力。當時，愛迪生電力公司底特律分廠下屬的兩家發電廠壟斷了當地百分之八十的居民用電。

福特和其他機械工程師主要負責安裝和檢修各種機器。這是一項十分辛苦的工作，因為發電廠供電的時間大多在夜間。每天黃昏時分，當大部分工人拖著疲憊的身體回家時，福特才剛剛走出家門去上班。他的工作時間從傍晚六點至到次日清晨六點，月薪為四十五美元。雖然工作很辛苦、薪水也不高，但是在擺滿各式各樣機器的發電車間裡，福特如魚得水，工作十分努力，對新技術的掌握和運用也比其他人快一些。很快，他就成為發電廠裡最受尊敬的人物之一。

西元一八九三年九月，美國麻省的查爾斯斯·杜里艾和佛蘭克·杜里艾兄弟製造出美國第一輛用汽油作動力的「無馬之車」。一時之間，美國各大報紙紛紛以「無馬之車在美國誕生」、「兄弟倆的發明」、「奇蹟！用汽油發動的車」等為題報導了這一歷史性的事件。然而，一直關注汽車發展的福特卻在此時將注意力從外部轉到了家裡，因為克拉拉已有八個多月的身孕了。

克拉拉很不適應城裡的生活。每天福特下班後便往床上一躺，「呼呼」大睡起來，而克拉拉則在此時開始忙碌起來。她打掃衛生、洗菜做飯，等到中午時喊醒福特，和他共進午餐。下午，福特往往進入廚房，研究他擺放在那裡的機器。

克拉拉寂寞極了！她最高興的時候就是有親朋好友來訪。每隔半個月，威廉都會到底特律來一次，看望福特和克拉拉。瑪格麗特、約翰等人也是家中的常客。當時，約翰的主要工作便是駕著馬車，將迪爾伯恩農場上生產的新鮮奶送到底特律的各個商店。有時，他會順道看望哥哥一家。每當福特不在家，克拉拉就會坐上約翰的馬車到迪爾伯恩去看看。

第五章　重返底特律

克拉拉懷孕之後，福特對妻子的關注稍稍多了一點。為了不影響妻子休息，福特將家搬到了距離工廠區較遠的巴克萊大街五十八號。此外，如果工廠沒什麼重要事情的話，他也會待在家裡陪克拉拉。

十一月六日上午，在一陣清脆的啼哭聲中，一個健康的男嬰降生到亨利．福特的家中。福特緊緊的握住克拉拉的手，安慰著妻子。

克拉拉虛弱的問福特：

「親愛的，我們給孩子取個什麼名字呢？」

福特興奮的說：

「我早已經想好了，就叫他埃德索爾（Edsel Ford）吧！」

克拉拉驚訝道：

「埃德索爾！你的好朋友、化學界的新寵埃德索爾．魯迪曼的名字？」

福特微笑著回答說：

「是的。我希望我們的孩子能像埃德索爾．魯迪曼一樣，從小就出類拔萃！」

此時，福特兒時的好友埃德索爾．魯迪曼已經大學畢業，開始在化學界嶄露頭角了。幾年後，他便成為美國著名的化學家。

兒子埃德索爾出生後不久，福特的工作也隨之出現了一系列令人眼花撩亂的轉機。在公司總經理亞歷山大．道的授意下，福特被調到愛迪生照明公司底特律的總部。那裡積壓了大量已經損壞的機器，等著福特前去修理。

受命之後，福特將妻子和孩子委託給親友照顧，自己則待在總公司的車間裡，沒日沒夜的工作。很快，那批機器便恢復了正常運轉。

福特的努力得到了總經理亞歷山大．道的認可，他也迅速被提升為公司的副總機械師，月薪升到了七十五美元。在副總機械師的位子上做了不到一個月，福特又被破例提升為底特律愛迪生照明公司的總機械師，月薪一百美元。而此時，福特才僅僅三十一歲。一時之間，福特成為底特律的名人，並被底特律基督教青年技工學校聘為兼職教師，向青年學生講授機械知識和他的成長經驗。

第五章　重返底特律

第六章　「一號車」的誕生

當你用更智慧的方法去做一件你曾經失敗的事時，那麼失敗何嘗不是一個機會呢？

——亨利．福特

第六章　「一號車」的誕生

（一）

雖然當上了總機械師，但是福特並不高興，因為他始終不能忘記那個將「馬車繫在星星上」的夢想。工作之餘，福特經常翻閱《美國機械師》雜誌，從那裡了解汽車在美國的發展情況。

西元一八九五年秋天，福特從雜誌上了解到，在《芝加哥論壇報》舉辦的汽車大賽上，杜里艾兄弟製造的汽車輸給了德製賓士汽車。

福特盯著雜誌上的文章，喃喃自語的說：

「看來，我們必須向德國人學習。」

基督教青年技工學校有一個叫巴提爾的德國僑民，年僅十八歲，但是在機械方面的造詣已經很深了。福特請他幫助自己翻譯了大量用德語寫成的技術文章，其中包括奧托、戴姆勒和賓士的介紹。福特就像是一棵久旱逢甘霖的植物，孜孜不倦的從巴提爾翻譯的文章中汲取著營養。

理論知識逐漸豐富之後，福特開始著手研究汽油引擎了。愛迪生照明公司的電氣工程師愛德華．哈佛聽說福特在研究汽油引擎，便找到他說：

「亨利，聽說你在研究內燃引擎，多麼有意思的事情啊！我可以參加嗎？」

福特微笑著回答說：

「為什麼不可以呢？歡迎你的加入。」

不久，愛迪生照明公司的另外一名工程師畢修普也加入了福特的內燃機研製小組。

起初，他們在愛迪生照明公司的發電廠裡進行實驗，後來總經理亞歷山大．道發現了這件事情。他擔心汽油會突然爆炸，便禁止福特等人繼續在發電廠進行實驗。

怎麼辦呢？福特悶悶不樂的回到家，唉聲嘆氣的跟克拉拉說：

「真是倒楣透頂了！」

克拉拉關切的問：

「親愛的，怎麼了？」

福特嘆了口氣，說：

「愚蠢的亞歷山大禁止我們繼續在發電廠進行實驗，我們無處可去了。」

克拉拉想了想，提醒道：

「為什麼不把後院的儲藏室改造成你的實驗室呢？我想菲利克斯．朱林會同意的，他是一個好人！」

菲利克斯．朱林是福特的鄰居。後院的儲藏室是兩家共用的，如果想把它改造成實驗室，必須取得菲利克斯的同意。不過，他是一個很好說話的老人。福特聽完妻子的提醒，一拍腦門，恍然大悟道：

「這確實是一個好辦法。」

說著，福特顧不上休息，就敲開了菲利克斯的家門。聽說福特要把後院裡的儲藏室改建成實驗汽油引擎的實驗室，好奇心強烈的菲利克斯馬上就同意了。

福特高興極了，一把握住菲利克斯的手，連聲道：

「謝謝你，真的太謝謝你了！」

菲利克斯不好意思的抓抓後腦勺，小心翼翼的說：

「不過，我有一個請求，我是否可以去看你們工作呢？」

福特哈哈大笑道：

「當然可以！」

此後，福特一下班就會領著他的合作夥伴們進入後院的實驗室，研究他們的汽油引擎。克拉拉有時也會到實驗室中去幫忙。在眾人的齊心努力之下，一台嶄新的四衝程汽油引擎終於在西元一八九六年三月被製造出來。他們製造的這台引擎解決了工作噪音和體積過大等問題。

對著這台全新的機器，福特興奮極了。看著丈夫正在一步步的實現自己的夢想，克拉拉也十分高興。一天晚上，克拉拉的妹妹從迪爾伯恩趕來看望福特一家，克拉拉神祕兮兮的對她說：

「妳知道嗎？亨利正在製作一種神奇的東西。」

妹妹饒有興趣的問：

「什麼東西？」

克拉拉神祕的一笑，回答說：

「現在還需要保密。不過，或許哪天我就會忍不住告訴妳了。」

（二）

在福特小組的研究取得實質性進展之時，福特從巴提爾那裡得知，查爾斯斯．金也在研製汽車。查爾斯斯．金出身於軍人世家，但是卻對工程和機械有著濃厚的興趣。這位傑出的發明家總共取得了六十五項專利，其中包括汽錘、火車剎車梁、船舶引擎等。前兩項發明還在芝加哥博覽會上獲得了最高榮譽獎——青銅獎。

得知查爾斯斯．金也在研製汽車，福特忍不住問巴提爾：

第六章　「一號車」的誕生

「查爾斯斯．金先生的進展如何？」

巴提爾難為情的回答說：

「先生，實在抱歉，我不能向你透露。不過，我可以把金先生介紹給你認識。」

在巴提爾的介紹下，福特與查爾斯斯．金這一對同樣痴迷於機械的工程師成了十分要好的朋友，但是金卻並沒有向福特透露自己的研究情況。直到西元一八九六年三月，在成功的組裝了第一輛無馬馬車之後，金才邀請福特去觀看他的試車表演。

在一個月光皎潔的晚上，金的試車表演開始了。福特騎著一輛自行車跟在汽車的後面，仔細觀察著那輛無馬馬車的每一個細節。

那是一輛由普通馬車改造而成的汽車，重達五百九十公斤，但是引擎的馬力卻只有三匹。所以，這輛被稱為底特律第一輛無馬馬車的汽車時速非常慢，只有十二公里左右，遠遠比不上杜里艾兄弟製造的輕便汽車。

查爾斯斯．金有些氣餒，但是福特卻從他平生首次看到的試車表演中獲得了動力。他曾對查爾斯斯．金說：

「金，你應該為自己驕傲！據我所知，到現在為止，整個底特律還只有你和巴提爾造出了這種神奇的機器！」

查爾斯斯．金聳了聳肩，將話題轉到了福特的研究上：

「那麼，你的研究進展如何？」

福特回答說：

「大家都很努力，現在就差裝配了。不過，我們還差一些東西，比如傳動鏈條。」

查爾斯斯．金熱情的說：

「這件事就交給我吧！」

臨別時，金從箱子裡拿出一疊圖紙遞給福特，說：

「我不打算再研究內燃引擎了。這是我那輛車的設計圖紙，或許對你有點用。另外，我還有一些剩餘的零件，你一起帶回去吧！」

福特沒有多說什麼，只是緊緊的握住了金的雙手。

查爾斯斯．金送給福特的圖紙對「一號車」的誕生的確起到了十分重要的促進作用。

第二天，福特便把查爾斯斯送給他的圖紙攤在桌子上，向他的夥伴們介紹說：

「金的車從整體設計概念上來說與我們的不同……。那輛車太重了，足足有五百九十公斤，這麼重的車怎麼跑得起來呢？」

畢修普關切的問：

「他的引擎怎麼樣？」

福特回答說：

「他的引擎也是四缸的。不過，他似乎沒有對其進行改裝，體積和雜訊都很大。道理很簡單，在引擎功率有限的情況下，車子越輕就跑得越快。因此，我們必須造出結構合理、車身輕的車子，這樣才能使汽車達到理想的速度。」

聽完福特的敘述，愛德華．哈佛和畢修普用力點了點頭。坐在一旁觀看的菲利克斯也附和道：

「你說得真的太好了！」

自從實驗室建成的那天起，菲利克斯每晚都會準時出現在那裡，觀看福特小組進行的各種實驗。通常情況下，他什麼話也不說，只是靜靜的坐在一旁，有時還會打個瞌睡。他不懂機械，但是他喜歡看到一堆亂七八糟的零件被組裝成一台台神奇的機器。

(三)

西元一八九六年五月二十七日，查爾斯斯．金將一條鋼製的傳動鏈條遞到福特的手上。此後，他便退出汽車研製工作，去了巴黎，成為一名大器晚成的藝術家。

在得到鋼製鏈條之後，福特小組便開始了緊張的組裝工作。福特從一台廢舊的蒸汽機上拆下一節導管，將其截短後作為汽油引擎的輸油管。除引擎之外，車身的主體部分便是一個木製的底盤和四個從自行車上拆下來的輪子。

六月五日凌晨兩點，全部組裝都已經完成。眾人將車子抬到地秤上秤重量，欣喜的發現它只有二百二十公斤，足足比金的那台車輕了三百七十公斤。畢修普對著福特喊道：

「亨利，你取個響亮的名字吧！我想，它一定會名揚天下的。」

福特大聲道：

「沒錯，它一定會名揚天下的！這是我們製造的第一輛汽車，我們就叫它『一號車』吧。」

幾個夥伴歡呼著擊掌慶祝，準備試車。福特習慣性的往門口看了一眼，想看看老鄰居菲利克斯是否還守在那裡。遺憾的是，菲利克斯老人那天實在太累，在組裝工作快要完成之時回屋睡覺去了，從而錯過了歷史性的時刻。

福特搖了搖頭，遺憾的說：

「這個好心的老先生要錯過最精彩的片段了。好了，我們開始試車吧！」

第六章　「一號車」的誕生

突然，畢修普驚叫道：

「天吶，我們怎麼把它弄出去？」

眾人這才發現，他們只顧著在實驗室裡組裝汽車，卻忘了它根本無法從狹窄的門中開出去。福特大笑了兩聲，順手操起一把大錘，在牆上就砸出一個大洞，以便將「一號車」推到街上。

巴提爾驚訝的看著福特，低聲道：

「真夠瘋狂的！」

畢修普在一旁接過話說：

「哈哈，難道你不知道他有一個綽號叫『瘋狂的亨利』嗎？」

福特又笑了兩聲，對眾人喊道：

「來吧，朋友們，讓我們開始吧。」

說完，福特第一個走到一號車的後面，用力向洞口推去。畢修普、愛德華．哈佛和巴提爾也走過了加入了推車的行列。

汽車被推到街上之後，福特突然想起一件事情。他一邊往家跑去，一邊喊道：

「請等一下，我去把克拉拉喊來！」

「瘋狂的亨利」把妻子從睡夢中拉到街上。睡眼惺忪的克拉拉問：

「要不要把老菲利克斯也叫來？我想，他一定很樂意看到這一幕。」

福特笑著回答說：

「親愛的，先別告訴他，等明天給他一個驚喜！」

這時，畢修普不知從什麼地方推來一輛自行車，對福特說：

「亨利，我騎著自行車為你開道吧！萬一遇上別的車，我就讓他們讓開！」

愛德華．哈佛在一旁說道：

「畢修普，你多慮了！你瞧瞧都幾點了，還有誰會在街上呢？」

就在這時，天空中下起了毛毛細雨。克拉拉擔憂的說：

「不好，下雨了！」

福特看了看黑色的天空，堅定的說：

「無論如何，我們都要先試一試我們的『一號車』。朋友們，我們開始吧！」

克拉拉轉身到家裡去拿雨傘，福特等人已經躍躍欲試，準備發動汽車了。福特的兩眼放著光，心「砰砰」直跳，彷彿快要跳出胸膛了。畢修普喊道：

「亨利，別擔心！我們開始吧！」

福特用力的點了點頭，抬起右手在胸前輕輕畫了個十字，然後跨上座椅，打開了電池組的開關。汽油引擎發出了「突突」的響聲，飛輪也開始飛快的轉了起來。木製的車身抖了一下，便緩緩的開始向前駛去……。

(四)

畢修普騎著自行車在前面領路，福特駕著汽車緩緩的駛過巴克萊大街，轉向由松木板鋪成的華盛頓大街。克拉拉、愛德華．哈佛和巴提爾在車子的後面，興奮的小跑步跟著。此時已經是凌晨四點了，路上一個人也沒有。克拉拉眼睛裡噙著淚水，遺憾的說：

「亨利終於成功了！但是遺憾的是，看到這一幕的人太少了！」

愛德華．哈佛安慰她說：

「福特太太，別擔心！我相信，這個消息明天就會在底特律的大街小巷傳開的。」

汽車在松木板路面上平穩的行駛著，很快就來到了凱迪拉克飯店門前。突然，車身抖動兩下，引擎熄火了，車子也緩緩停了下來。畢修普湊過來，問道：

「亨利，怎麼回事？」

福特一邊跳下汽車，一邊回答說：

「我也不知道，快打開工具箱，查找問題所在。」

偏偏在這個時候，一群賭徒從凱迪拉克飯店裡湧了出來。當他們看到那輛既不像自行車，又不像馬車的「一號車」時，立刻就圍攏過來，七嘴八舌的議論道：

「嘿，快看，這是一個什麼玩意兒？它怎麼不動了？」

福特等人根本沒有閒心去解答他們的問題。他們趕緊打開工具箱，忙著修理引擎。不久，問題就找到了。他們給引擎換上了新的閥門螺絲，又換了一個彈簧螺絲。福特又重新坐回到座位上，發動汽車。那幫看熱鬧的人指著平穩的向前行駛的汽車，高聲道：

「快看，快看，它在跑呢！」

在華盛頓大街的盡頭，福特又轉向了巴克萊大街，把車子開回家。在把車子推回工棚之後，眾人拖著疲憊的身體紛紛告辭回家了。福特也倒在床上，舒服的睡了一覺，直到克拉拉喊他起來吃午飯。

天亮了，福特製造出汽車的消息迅速在底特律的大街小巷傳開了。菲利克斯第一個衝到後院，一邊小心翼翼的撫摸著「一號車」，一邊驚嘆道：

「這真是個神奇的東西！不可思議！不可思議！」

福特向公司請了假，想用幾天的時間來實驗「一號車」。他讓克拉拉抱著小埃德索

第六章　「一號車」的誕生

爾坐在自己的身邊。迎著初升的太陽，福特一家在行人驚異的眼光中行駛在底特律城的大街上。福特忠實的合作者畢修普則繼續騎著自行車在前面為他開道。

畢修普的擔心並不是多餘的。有一天，當福特開著車拐過一個彎道的時候，一名路人躲閃不及，一下子被撞倒在的。福特立即停下來，跳到路人的身邊，緊張的問：

「你感覺怎麼樣？」

路人抬頭看了看福特，又看看面前那輛既不像馬車又不像自行車的奇怪機器，惡狠狠的說：

「這是一個什麼怪物！它差點要了我的小命！」

福特急忙向那人道歉。經過反覆確認，福特發現，由於「一號車」的速度不算快，車身的重量也很輕，那名路人並沒有受傷。但是無論如何，這都是一次深刻的教訓。從此之後，福特在城市裡開車就小心多了。

從汽車發展史的角度來看，福特小組製造的「一號車」在技術上並沒有太多的創新，甚至還沒有跳脫出杜里艾兄弟和更早的戴姆勒的發明。但是，「一號車」對福特的人生卻產生了深遠的影響。無論如何，他在西元一八九六年成功的造出了一輛真正意義上的汽車，這給福特非常大的鼓舞，使他堅定了繼續走下去的決心。

第七章　底特律汽車公司

產品的品質就是在別人還沒有意識到的時候，你已經把它做對了。

——亨利．福特

第七章　底特律汽車公司

（一）

一個星期天的早晨，福特剛起床就興奮的對克拉拉說：

「親愛的，我們何不到迪爾伯恩去一趟呢？我們應該讓大家分享一下我們的快樂！」

克拉拉看著興高采烈的丈夫，感覺他簡直就像一個剛得到新玩具的孩子一樣，又怎麼忍心拒絕他呢？克拉拉鄭重的點點頭，說：

「那好吧。不過，你一定要讓你的汽車跑得慢一點，千萬不要嚇壞我們的埃德索爾。」

「放心好了。」福特一邊答應著，一邊發動了汽車。

汽車剛開上密西根大道時，福特便忘記了妻子的囑咐，加快了車速。克拉拉抱緊埃德索爾，緊張的提醒丈夫：

「亨利，車速太快了！開慢點，開慢點！」

福特不好意思的笑了笑，準備放慢車速。突然，引擎發出了兩聲沉悶的「突突」聲，隨即熄了火。福特不耐煩的跳下車，惡狠狠的罵道：

「真該死！」

重新調整好之後，沒走多遠便遇上了一段顛簸的土路。由於金屬框架不甚牢固，車身顫巍巍的抖動起來，福特不得不放慢車速。結果僅僅十二公里的路程，「一號車」跑完全程就用了一個多小時的時間。福特這才發現，「一號車」在設計上還有很多缺陷，如框架和底盤不牢固、引擎不穩定、不適宜長途旅行等。

更讓福特無法理解的是，當他把車停在門口時，家人和鄰居並沒有好奇的圍上來，而是站在遠處，冷冷的看著這既不像馬車又不像自行車的「一號車」。福特的心裡難受極了，僅僅坐了十幾分鐘，他便突然站起來，對克拉拉說：

「回家！」

克拉拉的臉「唰」的紅了，她知道丈夫的自尊心在家人面前受到了傷害，但是無論如何也不應該做出如此無禮的舉動啊！沉默了半晌，克拉拉低聲道：

「亨利，我們才剛剛停下來，又要趕路了嗎？」

福特固執的說：

「沒有馬不停蹄的奔波，怎麼能取得成功呢？」

幾分鐘後，福特又駕著「一號車」，載著克拉拉和埃德索爾向底特律方向駛去。路上，福特已經開始考慮改進「一號車」的方案了。想著想著，他突然搖了搖頭，嘆氣道：

「單憑我們幾個人的力量，要改進這些缺陷似乎不大可能。」

第七章　底特律汽車公司

新車試驗成功的狂熱勁頭過去之後，福特發現自己已經有好幾天沒去上班了。好在他已經是月薪一百四十美元的總機械師了，並不會因為幾天不去上班而丟掉工作。

福特剛到公司，總經理亞歷山大．道便迎上來說：

「亨利，祝賀你！你現在已經是整個底特律的驕傲了。」

福特尷尬的回答說：

「我想我應該為這些天沒來上班而向你道歉，總經理先生。」

亞歷山大．道說：

「道歉就不必了。你看，車間裡有一大批機器等著你去修理呢！好好做吧，亨利。」

隨後的幾天裡，福特一邊帶領工人們拼命工作，一邊琢磨改進「一號車」的方案。當然，他還必須設法償還製造「一號車」所欠下的債務。很快他就發現，單憑每個月一百四十美元的薪水，他需要好幾年的時間才能把所有的債務還清。

怎麼辦呢？掙扎了幾天之後，福特斷然作出了一個讓克拉拉和畢修普等人大吃一驚的決定——以兩百美元的價格賣掉「一號車」。

買主將車開走之前，福特請來了一名攝影師，站在「一號車」前照了一張像留作紀念。他頭戴圓頂禮帽、蓄著整齊的鬍鬚，雙目炯炯，一副信心十足的樣子。

克拉拉了解自己的丈夫，她知道，丈夫那個將「馬車繫在星星上」的夢想才剛剛起步，他絕不會就此放棄的。

（二）

賣掉「一號車」之後，福特悶悶不樂了好一段時間。就在這時，底特律市長威廉·梅伯里向他伸出了熱情的援助之手。

和福特一樣，梅伯里也出生在一個富有的愛爾蘭家庭。當福特還是一個孩子的時候，梅伯里就與他的父親威廉·福特成為了好朋友。

這位五十多歲的老人不但十分喜歡聰明的福特，也很欣賞他的新發明。在市長的贊助下，福特很快還清了所有的債務，並開始研究「二號車」。除此之外，他在愛迪生照明公司的地位也很快的提升。

西元一八九六年六月底的一天，福特剛剛忙完手中的活，總經理亞歷山大·道突然出現在他的面前，然後輕描淡寫的說：

「亨利，公司馬上就要在紐約召開年會了，我希望你能陪我一起去。」

由於在汽車實驗上一直止步不前，福特的心情十分低落。他抬頭望瞭望亞歷山大，

第七章　底特律汽車公司

淡淡的反問道：

「為什麼是我？」

亞歷山大驚愕道：

「為什麼是你？你是公司的總機械師，又是底特律的名人，你有義務向我們的老闆湯瑪斯．愛迪生先生匯報公司的問題。」

福特聽到愛迪生的名字，突然提高聲音道：

「向誰匯報？湯瑪斯．愛迪生？」

發明大王愛迪生是福特的偶像。兩年前，愛迪生駕臨底特律之時，福特曾專門跑到他下榻的酒店去見他。遺憾的是，由於當時在場的人太多，福特根本不知道哪位才是他的偶像，只好悻悻而返。既然如今有機會去見愛迪生，福特豈有不答應的道理！

幾天之後，福特陪著亞歷山大．道登上了開往紐約的列車。愛迪生照明公司的年會是在紐約著名的長島東方旅館舉行的。簡短的開幕式之後，人們來到宴會廳。亞歷山大拉著福特，端著酒杯穿梭在人群中尋找愛迪生。突然，他輕輕碰了一下福特，用端著酒杯的手指著不遠處的一堆人，低聲道：

「亨利，快看！中間的那一位就是愛迪生先生！」

福特抬眼望去，只見愛迪生正端著酒杯，面帶微笑的站在眾人的中間。這位人類歷史上最偉大的發明家之一，一生帶給了人類近千項偉大的發明。他有著一個高高的、充滿智慧的額頭和一雙深邃的眼睛。福特看得著了迷，竟然忘記上前去打招呼了。直到亞歷山大．道拉著他來到愛迪生的面前，他才從驚愕中醒過來。

原來，眾人正在討論動力機車的話題。愛迪生的耳朵有些背，眾人的聲音很大，有時還夾雜著一些手勢。過了一會兒，愛迪生大聲說道：

「這是一個好主意，我也在從事這方面的研究。我打算用一組或更多組的蓄電池來作為汽車的動力，製造電動車。」

這時，亞歷山大把福特推到愛迪生面前，大聲說：

「湯瑪斯，我們這位年輕的店員已經造出一輛用汽油驅動的車了！」

愛迪生看了看福特，很感興趣的問道：

「是嗎？年輕人，那是一輛什麼樣的車？」

福特望著愛迪生那雙閃爍著智慧的眼睛，緊張的向他介紹起了自己的「一號車」。為了能更好的讓愛迪生明白自己的意思，他還拿出筆記本，用一支鉛筆飛快的畫出了幾幅草圖。

第七章　底特律汽車公司

愛迪生非常仔細的看著這些草圖，把手放在耳朵上，認真的聽著福特的講解。聽完福特的介紹後，他高聲問道：

「點火裝置是爆發式的，還是接觸式的？」

這個問題是汽油引擎的關鍵所在。福特知道愛迪生是真正的行家，只得如實回答說：

「我是試著用半接觸方式實驗的。本來是用活塞的移動來調整開關，但是現在我正在考慮採用其他方式。」

愛迪生又問道：

「是四衝程的吧？」

福特用力點了點頭。愛迪生贊許的看著他，大聲道：

「你的想法是對的，年輕人，繼續做下去吧，千萬別放棄！」

接著，這位偉大的發明家又轉向眾人，牽著福特的手臂宣布說：

「這種車比電車更優越，因為它能夠給自己提供動力。」

酒會結束後，正式的宴會開始了。愛迪生拉著福特，在一張桌子邊上坐了下來，又興致勃勃的與他討論起了汽車的話題。

愛迪生是一個很有意思的人。他一旦做起實驗來，可以幾天幾夜不睡覺，但是在其他時候，他差不多有百分之五十的時間都在打瞌睡。但是那天與福特討論汽車的時候，他竟然連眼睛都沒有眨一下。

福特也很興奮。還有什麼能比愛迪生的讚賞更讓他振奮和激動的呢？這次會面是亨利和愛迪生的第一次接觸，也是他們偉大友誼的良好開端。在此後的歲月裡，他們幾乎成了無話不說的好朋友。

（三）

從紐約回到底特律之後，福特似乎完全變了一個人。他雄心再起，立刻著手製造「二號車」。此時，威廉聽說兒子製造的汽車受到愛迪生的讚揚，也改變了對兒子的態度。他曾透過克拉拉向福特表示，他願意出資贊助汽車製造。但是倔強的福特毫不猶豫的拒絕了父親。他寧願依賴梅伯里市長的贊助，也不願向父親要錢。

西元一八九八年夏季，福特小組研製的「二號車」終於亮相了。「二號車」仍然不改「一號車」大眾化、輕便化的一貫目標，只是比「一號車」稍大一些，引擎上也加了一層覆蓋物。如此一來，「二號車」不但是比「一號車」牢固，引擎的噪音也小了很多。

第七章　底特律汽車公司

「二號車」造好之後，福特曾載著梅伯里市長到郊外兜風。這個好心的老人興奮得像個孩子一樣，不停的建議福特將它投入規模化生產。福特不好意思的回答說：

「市長先生，我也有這個想法，但是我根本沒有足夠的財力。」

有一天，梅伯里市長帶著一位朋友來見福特。福特熱情的接待了他們。梅伯里指著身邊那位工程師模樣的中年男人對福特說：

「這位是前來底特律市考察汽車業發展情況的哈靈頓先生。」

哈靈頓是杜里艾兄弟的朋友，當時正和查爾斯斯．杜里艾一起討論如何規模化生產汽車的問題。福特立即握著他的雙手，大聲道：

「你好，哈靈頓先生！久聞您的大名，查裡斯．杜里艾先生好嗎？」

哈靈頓用力握了握福特的手，回答說：

「你好，福特先生！我一到這裡，梅伯里先生就把你的事情告訴了我。讓我看看你的汽車吧！」

福特一邊滔滔不絕的介紹他的「二號車」，一邊領著哈靈頓去參觀他的樣車。哈靈頓則他介紹了美國汽車行業的發展情況。

當時，美國的汽車生產技術已經基本成熟，不少自行車和馬車製造商已經轉向汽車生產。在這些人當中，有杜蘭、費希爾七兄弟、約翰．威里斯、．梅茲格、查爾斯斯．杜里艾、巴尼．奧德弗和道奇兄弟等人。

介紹完這些情況，哈靈頓說：

「亨利，你知道嗎？在發展汽車方面，全美國恐怕沒有比底特律更好的城市了！」

福特點了點頭，表示同意。從西元一八八〇年代以來，底特律就開始製造各種型號的船用引擎，已成為名副其實的引擎製造中心。此外，底特律的金屬加工業和製造業也十分發達，還有大量熟悉蒸汽機和各種內燃機的技師和工人。而這些，都是發展汽車工業必不可少的條件。

眾人邊走邊聊，很快就來到了福特停放「二號車」的車庫。哈靈頓戴上眼鏡，認真的觀察起來。「二號車」有著高高的車輪、豪華的雙人座位、銅製的車燈和用來擋泥的腳踏板，總體上已經非常接近今天的汽車了。哈靈頓讚嘆道：

「汽車在設計方面是非常出色的，火星塞很先進，冷卻箱的設計也很有特點，汽化器非常獨特，車上的儀錶很齊全，每個零件都精工細做，獨具匠心……。這種車看起來可以在任何道路上行駛，不遜色於我們國家製造的其他任何一種車……。」

（四）

自從這次與哈靈頓見面之後，福特將「二號車」投入規模化生產的願望就更加強烈了。梅伯里市長也在積極幫助他尋找機會。西元一八九九年七月的一天，底特律著名的木材商威廉．墨菲來到了梅伯里市長的家裡。

跟福特和梅伯里一樣，墨菲也是愛爾蘭移民的後裔。作為一名熱心公益的商人，墨菲對底特律的消防事業作出了很大的貢獻。不久前，他還出錢為市消防隊購置了一批蒸汽動力的消防機車。

寒暄過後，墨菲直截了當的說：

「市長先生，我最近對新出現的汽車這類東西很有興趣。如果有機會的話，我想投資生產這種新奇的傢伙。」

梅伯里市長立即順水推舟的說：

「你知道亨利．福特嗎？」

墨菲回答說：

「我知道他。底特律人把他稱作『瘋狂的亨利』。不過，我喜歡他的做事風格，更加喜歡他造的汽車。」

梅伯里市長趁機說：

「亨利正打算將他的汽車投入生產呢，你何不跟他合作呢？」

墨菲興奮的說：

「這真是一個好主意。」

幾天後，墨菲便在梅伯里市長的介紹下結識了福特。經過一番商談之後，墨菲對福特說：

「如果你能把你的車開到法明頓，然後再經由皮蒂亞克開回來，而你的車在這段九十公里的路途中不發生任何問題的話，我一定會認真考慮你的想法。」

福特興奮的喊道：

「你說的是真的嗎？放心吧，我的車一定不會令你失望的！」

幾天後，福特調整好了「二號車」，準備出發了。墨菲仔細看了車內儀錶盤上的各項數字，然後興奮的坐到福特的旁邊，大聲道：

「開始吧！」

結果，福特駕駛的「二號車」順利的通過了墨菲的考驗。回到底特律之後，墨菲滿臉笑容的說：

第七章　底特律汽車公司

「好吧，年輕人，現在就讓我們開個公司吧！」

在威廉．墨菲和梅伯里市長的熱心張羅下，底特律汽車公司於西元一八九九年八月五日在卡斯大街一千三百四十三號正式成立了，註冊資金為十五萬美元。除了梅伯里市長和墨菲之外，底特律大部分有錢人都成了該公司的股東，其中包括種子大王德克斯特．佛利、參議員湯瑪斯．帕爾默、底特律經紀業大亨佛利德里克．奧斯本、企業家佛蘭克．伍德曼．艾迪，以及在航運、鐵路、銀行、保險等行業都有產業的大商人詹姆斯兄弟和休．麥克米倫。福特雖然沒有出資，但是憑藉其精湛的技術，理所當然的被聘任為公司的機械主管和總工程師，並獲得了相應的股份。

第二天，福特便向亞歷山大．道提交了辭職申請，正式離開了他工作了七年之久的愛迪生照明公司。這一年，他三十六歲。離開公司之前，福特找到了曾經與他共同試製新車的幾個朋友，問他們是否願意跟他一起離開公司去新的工作職位工作。

卡特、畢修普等人對此顧慮重重，最終拒絕了福特的邀請。只有年輕的愛德華．哈佛同意跟他到底特律汽車公司工作。不久之後，他又從費希爾兄弟公司挖來了年輕的弗利德里克．史特勞斯。就這樣，底特律汽車公司有了包括福特在內的三名工程師。

公司成立的時候，各方面的條件都非常簡陋。當福特帶著史特勞斯和哈佛走進車間之時，只見車間空空蕩蕩，空地的中間只擺放著一台引擎和一台鍋爐。除此之外，對他們的工作有幫助的恐怕就是那捆亂七八糟的電線了。

可以說，底特律汽車從一開始就註定了失敗的命運，因為股東遠比工程師的數量要多，而且設備條件也遠沒有福特預想中的好。

第七章　底特律汽車公司

第八章　成立福特汽車公司

把大事化小，凡事做起來都會很容易。

——亨利·福特

第八章　成立福特汽車公司

（一）

在底特律汽車公司成立的同一時間，蘭塞姆．沃爾茲和亨利．利蘭（Henry Martyn Leland）也合夥在底特律成立了沃爾茲汽車公司，專門生產大眾化、輕便型的汽車。這兩位汽車製造行業的天才將規模化和標準化結合在一起，很快就在市場上推出了「快樂的沃爾茲」牌汽車，並投入了大量生產。由於沃爾茲與利蘭在汽車工業發展過程中所作的貢獻，後人分別將他們稱為美國汽車的「大量生產之父」和「標準化之父」。

然而，福特在此時卻拋棄他曾經確定的「成本低、品質好、產量高、價格便宜」的原則，走向了另外一個極端。在梅伯里的努力下，底特律汽車公司剛剛成立便接到了一筆訂單——生產四輛郵車。按照規定，這些車應該在當年的十月底交貨。但是直到當年的十一月，福特連一輛車也沒有生產出來。

由於缺乏大量化生產的經驗，福特帶領工人在車間裡沒日沒夜的做著，但是卻錯誤百出，以至於他不得不經常改變設計方案。供應商們的表現也不甚理想，不是送來的零件尺寸不對，就是交貨日期延遲。

有人指出，福特這次失敗的主要原因是他的思維還沒有擺脫手工製作的框架。他只是作為一個發明家在接受別人的訂貨，而不是作為生產商去生產汽車。公司的管理層發現了福特所犯的錯誤，但是固執的福特卻根本聽不進任何人的勸告。

直到一九〇〇年一月，底特律汽車公司的第一輛汽車才正式誕生。這輛汽車延續了「二號車」的風格，有著高貴的樣式和豪華的裝飾，可乘坐一名駕駛員和一名乘客。

在揭幕典禮上，許多記者慕名而來，準備搶新聞。但是他們很快發現，這輛車簡直可以用「平淡無奇」來形容。與當時美國其他公司生產的汽車相比，這輛豪華的汽車無論在外觀上、還是在價格上，都沒有什麼競爭力。

但是福特根本沒有意識到這一點，他毫不謙虛的向記者們誇耀，他的汽車是美國，乃至世界最先進的汽車。他甚至信心十足的指著路邊的馬車店，笑著對記者說：

「這下子他的生意要糟糕了。」

但是事實很快證明，生意糟糕的不是路邊的馬車店，而是神采飛揚的福特和他的底特律汽車公司。樣車雖然製造出來了，但是由於價格昂貴和生產週期長，底特律汽車公司連一張訂單都沒有收到。那輛豪華的樣車也沒能賣出去，最後不得不送給市郵局作為郵車使用。

公司的管理層和股東強烈要求福特採用新的生產流程和生產思路，把大批生產和銷售汽車作為公司的經營原則。但是固執的福特堅持認為，高速、豪華、舒適才是汽車的

第八章　成立福特汽車公司

發展方向，不然將變得與馬車無異。

很快，福特與股東們的矛盾便加深了。消沉的福特乾脆躲起來，常常一個人跑到郊外的樹林裡散步，不再去公司上班了。一九〇〇年十一月，福特離開了底特律汽車公司。不久，這家短命的公司便宣告破產，總共損失達九萬美元。

具有諷刺意味的是，在福特遭遇失敗之時，美國的其他汽車生產商卻取得了龐大的成就。美國的汽車年產量已達三萬四千輛，其中約有三分之一是以汽油為動力的新型汽車。

在一九〇〇年的汽車大賽上，來自芝加哥的汽車大亨亞歷山大．溫頓駕駛的汽車以每小時六十公里的速度獨占鰲頭，成為美國汽車製造業的驕子和輿論界的英雄。底特律也成為汽車銷售的天堂。

除了「快樂的沃爾茲」之外，亨利．利蘭離開沃爾茲汽車公司後生產的凱迪拉克牌汽車也很受大企業家的歡迎。時任美國總統的西奧多．羅斯福（Theodore Roosevelt Jr.）在這一年的閱兵式也坐上了汽車，成為美國歷史上第一位乘坐汽車的總統。

（二）

遭遇失敗之後，福特變得消沉。他曾不止一次的對克拉拉說：

「今年是新世紀的第一年，可我的運氣卻是這樣差！」

克拉拉只能安慰他說：

「亨利，你錯了。一九〇〇年是十九世紀的最後一年，明年才是新世紀的開始。我相信，你的厄運會在十九世紀的最後一年煙消雲散的。」

福特知道妻子是在安慰自己，但是還是半信半疑的問道：

「真是這樣嗎？」

克拉拉樂觀的說：

「當然！年初報紙上還專門討論過這個問題呢！大多數人都認為明年才是新世紀的開端。親愛的，壞運氣到了頭就是好運的開始，明年你一定會成功的。」

雖然底特律汽車公司遭遇厄運，但是威廉．墨菲依然十分看好汽車行業。底特律汽車公司的倒閉所造成的九萬美元的損失對他來說根本算不了什麼。他認為，福特設計製造汽車本身是無可挑剔的，失敗的原因主要是沒能適應市場的需求。他還從中發現了另外一個商機，即研究功率大、速度快、裝飾豪華的高性能賽車。

第八章　成立福特汽車公司

當時，賽車幾乎已經取代賽馬，成為富人們新的娛樂方式。一年一度的汽車節已經成為美國一年一度的盛典。男人們一邊喝著啤酒，一邊為自己心儀的賽車下注；女人們則在觀眾席上靜靜的觀看驚險、刺激的比賽，並趁機結交新朋友。

汽車節也成為汽車製造商宣傳產品的最佳場所。一九〇〇年的汽車節，蘭賽姆．沃爾茲便委託一名代理商駕駛一輛「快樂的沃爾茲」牌汽車參加比賽，並取得了極大的成功。結果，這種汽車立即成為大眾的寵兒，訂單如雪片般向沃爾茲汽車公司飛來。

福特想，他的高性能汽車雖然無法成為大眾的寵兒，但是至少可以滿足追求時髦的富人的需求。恰巧，退休的著名自行車比賽冠軍、家境富有的湯姆．庫珀（Tom Cooper），才華出眾的青年製圖家兼工程師哈樂德．威利斯（Childe Harold Wills），在這一時期走進了福特的視野。他們積極慫恿他製造出一輛高性能的賽車。

就這樣，在墨菲、庫珀和威利斯等人的支持下，福特很快便製成了一種大馬力的競賽汽車。一九〇一年四月十日，福特駕駛著他的賽車邀請墨菲到郊區兜風。在路上，墨菲向亨利提出了參加將在秋天舉行的年度汽車大賽的設想。他說：

「羅德島汽車節現在已經成為新聞媒介的一個焦點，你是否考慮過去一顯身手？」

福特沒有說話，只是加快了車速，黑色的賽車發出一聲低沉的吼聲，向遠方的叢林駛去。等車子停下來的時候，他才一字一句的反問道：

「你認為我的這輛汽車能否在比賽中取勝呢？」

墨菲手舞足蹈的回答說：

「亨利，它簡直棒極了！我想，整個美國再也找不出比它更快的汽車了！」

一九〇一年九月六日，新上任的美國總統麥金萊遇刺身亡，原定於九月中旬舉辦的汽車節被推遲到十月十日。十月十日這天，底特律郊外的葛羅斯．波音特賽場上擠滿了數百輛來自全國各地賽車，其中大部分是蒸汽動力汽車和電動車。

比賽總共分為四場。在第一場八公里的蒸汽車比賽中，來自俄亥俄州的選手獲得了勝利；第二場是電動車比賽，由於速度太慢，觀眾們幾乎沒有注意到它；第三場和第四場比賽均為汽油動力車比賽。第三場的壓軸比賽是一公里六百公尺的短距離比賽，由於距離太短，福特的賽車沒能發揮優勢，結果落在了最後。

現在只剩下最後一場十六公里的長距離比賽了。比賽距離原定為四十公里，但是因為前面的比賽耽誤了時間，不得不臨時改為十六公里。儘管如此，比賽依然十分精彩。

隨著信號槍發出「砰」的一聲巨響，比賽開始了。參加比賽的一共有三個人，其中芝加哥的汽車大亨亞歷山大．溫頓和福特是奪冠的熱門人物，因為另外一名選手在比賽剛開始沒多久便因引擎漏油而退出了。

開始時，溫頓的車速很快，沒過幾分鐘便將福特甩在後面。經驗豐富的溫頓在拐彎時操縱方向盤的技術十分巧妙，毫不費力的拐過了幾近直角的彎道，而福特則在轉彎時連連遭遇失誤。

稍稍適應之後，福特開始加速，全力追趕溫頓。就在這時，溫頓的車突然發生了故障。那輛豪華的賽車先是冒出淡淡的藍煙，然後漸漸擴大成一團黑霧。福特趁機超越了他，最終以十三分二十三秒的成績摘得了冠軍的桂冠，獲得了一千美元的獎金。

(三)

汽車節結束後不久，威廉．墨菲就聯合幾名企業家投資設立了一家新的汽車公司——福特汽車公司。新公司之所以叫這個名字，主要是因為在比賽中獲勝的福特已經成為底特律，乃至整個美國家喻戶曉的英雄了。不僅底特律，全美國的富商和頭面人物都紛紛向福特拋來橄欖枝，希望與他合作。

不過，對墨菲感恩戴德的福特最終還是選擇了威廉．墨菲。不幸的是，福特再一次與公司的股東們在生產何種型號的汽車上產生了矛盾。董事會希望他能生產一種大眾化、輕便型的汽車，但是他卻著了魔似的把時間和精力都花在一種根本無法銷售的大馬力賽車上。

威廉．墨菲氣壞了，立即召開董事會譴責福特。福特再一次固執的認為，自己的汽車是無可挑剔的，拒絕了公司董事會的要求。

為了避免重蹈覆轍，墨菲決定讓福特退出福特汽車公司，請來著名汽車設計師亨利．利蘭擔任總經理，並把福特汽車公司和利蘭的凱迪拉克汽車公司合二為一，統稱為凱迪拉克汽車公司。

就這樣，第一家以福特的姓氏命名的汽車公司僅僅存在了幾個月便消失了。福特也在獲得了相應的補償之後，遺憾的離開了公司。但是，這並不意味著他將停止製造賽車。他的目標是製造兩輛擁有八十匹的馬力大型四汽缸賽車。

痴迷速度的自行車比賽冠軍庫珀支持福特的這一想法。因此在福特剛一離開公司，庫珀就找到他，表示願意出資資助福特繼續研製高性能的賽車。

年輕的威利斯也一如既往的支持著福特。在三個人的共同努力之下，兩輛高性能的賽車在幾個月之後便亮相了。福特將它們稱為「福特－威利斯－庫珀」型賽車。試車之後，福特驚奇的發現，它們的速度甚至比預想中的還要快。

第八章　成立福特汽車公司

興奮不已的福特在一輛車身上刷上了「AROW」的標誌，意為「飛快的箭」；在另一輛車上則刷上「999」的標誌。「999」是一輛蒸汽動力的火車頭的編號。在芝加哥萬國博覽會，紐約中央火車公司曾展出過一輛編號為「999」火車頭。該火車頭在當時由紐約到芝加哥只耗時十八個小時，創下了一個歷史性的紀錄。因此在當時，「999」這組數位便成為速度的代名詞。

一九〇二年十月，一年一度的汽車節又如期舉行了。賽前，在上次大賽中敗給福特的溫頓寫來一封信，彬彬有禮的向福特發起挑戰。福特明白，他在上次比賽中勝出完全是因為亞歷山大．溫頓的賽車出了問題。否則，他那糟糕的駕駛技術很有可能會敗給溫頓。因此他對庫珀說：

「咱們的『999』一定能擊敗溫頓，但是我的駕駛技術太差了，上次就差點被迫退出比賽。所以，我們今年最好換一個人來開。」

庫珀難為情的摸了摸自己前凸的肚子，看了看威利斯。威利斯無奈的聳了聳肩，尷尬的說：

「我的駕駛技術並不比亨利出色。」

怎麼辦呢？三個人你看看我，我看看你，陷入了沉默。半晌，庫珀才低聲說道：

「或許巴尼·奧德佛爾能幫我們的忙。」

巴尼·奧德佛爾是一名年輕的自行車運動員，比賽經驗豐富，駕駛技術也不錯。福特攤開雙手，無奈的說：

「那我們就只能請他來幫忙了。」

幸運的是，當聽說「999」汽車的功率達到驚人的八十匹馬力時，痴迷於速度的奧德佛爾毫不猶豫的答應了福特等人的請求。他說：

「這輛有著可怕速度的賽車也許會要我的命，但是我義無反顧，勇往直前……。」

結果，在八公里的比賽中，奧德佛爾駕駛著「999」賽車僅耗時五分二十八秒便完成了比賽，把溫頓的「子彈」車甩下將近一公里的路程。這次比賽不但是促使奧德佛爾從自行車比賽轉入汽車競賽這一新的領域，也為福特贏得了前所未有的榮譽。

（四）

汽車節結束一個月後，底特律著名的煤炭商人亞歷山大·馬爾康森（Alexander Young Malcomson）找到福特，開門見山的說：

「福特先生，讓我們談談合作的事吧！你在一年前的那次汽車大賽上的表現太引人矚

第八章　成立福特汽車公司

目了！你的『999』賽車在上個月獲得的成功則讓我下定了決心，非得跟你合作不可！」

馬爾康森是蘇格蘭移民的後裔，沒有任何顯赫的家族背景，完全靠自己的打拼一點一滴的累積起巨額財富。福特非常敬佩像馬爾康森這樣美國式的傳奇人物，也希望能夠與馬爾康森合作。所以，他試探性的問馬爾康森：

「那麼，我們該怎樣合作呢？」

馬爾康森坦誠的說：

「我聽說過你跟墨菲等人的兩次合作，也不想對此發表任何評論。開門見山的說，我非常欽佩你的才能，所以想跟你合作成立一家生產汽車的公司。」

福特沉默了半晌，信心十足的回答說：

「沒問題。」

馬爾康森點了點頭，接著說：

「福特先生，你的責任就是首先要造出一輛樣車。這種車必須能和現在市場上最受歡迎的凱迪拉克和沃爾茲汽車競爭。你能找到合適的人選幫助你做到這些嗎？」

聽完馬爾康森的話，哈樂德．威利斯的名字立刻湧現在福特的腦海中。他用力點了點頭，回答說：

「技術上的問題完全不成問題，我們缺乏的只是資金。」

馬爾康森接過話說：

「公司的資金籌集和組織工作就交給我吧。既然是我們兩人建立的公司，我想，就暫且給公司取名叫福特－馬爾康森合營公司吧，等一切運轉起來以後再給它取一個響亮的名字。」

在馬爾康森的引介之下，銀行家約翰．格雷、木材商亞伯特．斯特萊羅、汽車零件生產商道奇兄弟、律師約翰．安德森和賀瑞斯．拉克姆都站出來認購了新公司發行的十萬美元股票。很快，福特－馬爾康森合營公司便成立了。

但是，一直埋頭於技術研究的福特這才發現，自己上了馬爾康森的當。雖然他與馬爾康森的股份都占百分之二十五，但是在所有的股東當中，除了道奇兄弟之外，其他人均與馬爾康森有裙帶關係。約翰．格雷是馬爾康森的小舅子，亞伯特．斯特萊羅是他的客戶，約翰．安德森和賀瑞斯．拉克姆則是他的死黨。聰明的福特一眼就看穿了馬爾康森的把戲，他如此安排董事會，無非是想在幕後操縱和控制董事會。

福特雖然識破了馬爾康森的詭計，但是暫時還無法採取措施，因為他在財力上根本無法與馬爾康森相抗衡。他打算暫時埋頭於技術研究，以便打消馬爾康森的顧慮，等時

第八章　成立福特汽車公司

機成熟之時再將公司的大權攬在手中。然而，馬爾康森也不是一個容易對付的人。為了獨攬大權，他又從自己的煤炭公司中挑選了一名得力助手安插在新公司中，擔任他的代理人。

馬爾康森挑選了聰明的詹姆斯．庫恩斯（James J. Couzens）。庫恩斯是加拿大人，現年三十一歲，個子不高，長著一張皺巴巴的胖臉和一雙銳利的小眼睛，時常戴著一副金絲夾鼻眼鏡。他是一個不苟言笑的人，一年四季都陰沉著臉、見不到一絲笑容，這就使得他那張皺巴巴的胖臉看起來更加猙獰。

俗話說：「智者千慮，必有一失；愚者千慮，亦有一得。」馬爾康森這次打錯了如意算盤。從表面上看，這名其貌不揚的管理天才對他千依百順，但是庫恩斯卻是一個很有主意的人。福特從側面了解到這些情況之後，便打算先拉攏與馬爾康森貌合神離的庫恩斯。

一九〇三年六月十三日晚，福特－馬爾康森合營公司召開了第一次股東大會。大會選舉了第一屆董事會，成員分別為董事長約翰．格雷、約翰．安德森、約翰．道奇、亨利．福特和亞歷山大．馬爾康森。公司的組織管理機構也宣告成立，由格雷任公司總裁，福特任副總裁兼總經理，馬爾康森任財務主管，庫恩斯任祕書兼商務經理。

馬爾康森這位幕後老大為了讓庫恩斯全心全意的為自己賣命，當場透過約翰．格雷宣布，贈予庫恩斯百分之二點五的股份，月薪兩百零八美元。馬爾康森滿心以為，他開出如此優越的條件，庫恩斯絕不會背叛他的。然而，事實很快就證明：他失算了。

雖然福特－馬爾康森合營公司從成立的那一天開始，其內部便矛盾重重，但是對福特而言，這是他人生的一次決定性的轉捩點，因為第三家以福特姓氏命名的公司終於成立了。這一次，福特暗下決心，不管付出什麼樣的代價，他都要把這家公司完全裝入自己的囊中。他絕不會像前兩次成立公司時一樣，被董事會踢出公司了。

第八章　成立福特汽車公司

第九章　「A」型車的成功

如果你不思考未來，你便不會有未來。

——亨利．福特

第九章　「A」型車的成功

（一）

董事會結束後，福特走到庫恩斯的面前，微笑著說：

「庫恩斯先生，讓我送開車送你回家吧！」

庫恩斯看著誠懇的福特，大感意外，忙拒絕道：

「福特先生，我們的家並不在同一方向，恐怕不大方便吧！」

福特堅持道：

「無論如何，能為你效勞是我的榮幸！」

庫恩斯的腦子裡飛快的轉動著，微微的點了點頭，隨後跟著福特走向停在公司門口的汽車。汽車緩緩開動了，庫恩斯陰沉著臉坐在福特的旁邊，一句話也不說。福特雙眼注視著前方，突然說道：

「你認為我們應該向那些傢伙開個什麼價錢？」

庫恩斯平靜的回答說：

「月薪兩百零八美元，董事會已經做了決定。」

福特強調道：

「我說的是『我們』！」

庫恩斯皺了皺眉頭，那張胖臉立即皺作一團。他盯著福特看了幾分鐘，答非所問的回答道：

「馬爾康森會沉不住氣的，他從來就是一個見好就收的人。」

聽了庫恩斯的回答，福特的臉上不禁露出了笑容，他的心情一下子變得特別愉快，因為他從庫恩斯的回答中知道他最關心的幾件事的答案。他輕聲說道：

「跟一個聰明人談話永遠都是一件輕鬆愉快的事。」

回到家之後，福特的心情再次變得陰鬱起來。他想起了與他一起設計、製造「999」賽車的哈樂德．威利斯。當初他們齊心合作，製造出讓福特名揚天下的「999」賽車；而新公司成立時，馬爾康森卻故意將威利斯排除出董事會。馬爾康森的用意十分明顯，他想斬斷福特的左右手，進一步孤立福特。

第二天一早，福特便驅車來到威利斯家，吞吞吐吐的把新公司的組織結構告訴了他。威利斯坐在沙發上，靜靜的聽著。福特說完之後，威利斯輕輕站了起來，安慰福特說：

「亨利，沒關係，你不必為了我的事情再去向馬爾康森低頭。你知道，我多想咱們倆繼續合作，可是既然那幫人不能容得下我，那就算了。」

第九章　「A」型車的成功

福特說道：

「威利斯，我請求你暫時不要離開。你知道，我需要你的幫助。如果你相信我這個朋友，我們訂一個君子協定，到年終分紅的時候，我一定會把我的紅利按著你希望的比例分給你的。」

威利斯是一個很重感情的人，他見福特如此誠心的挽留自己，很受感動。過了一會兒，他一邊打開抽屜，一邊說：

「亨利，新公司成立了，我為你準備了一份小小的禮物。」

福特接過威利斯遞過來的稿紙，展開一看，只見上面是一個用藍色墨水畫成的橢圓形，中間是模仿福特的簽名設計的「Ford」的字樣。

福特驚訝的喊道：

「天吶！這簡直太完美了！」

威利斯微笑著說：

「這是我為公司今後的產品設計的標記。我想，你的姓氏不久後就會隨著公司的產品傳遍世界的每一個角落。」

福特用力握住威利斯的手，連聲道：

「謝謝，謝謝，謝謝你威利斯！」

當福特載著威利斯來到公司時，他聽到了一個更大的好消息：他們申辦公司的登記證正式得到了批准，而且公司的名字也最終被確定為福特汽車公司。

這個名字可比原先的名字響亮多了，而且聽起來更像是亨利．福特一個人的公司。

(二)

福特公司成立不久之後，亨利和威利斯就利用設計「999」賽車的經驗，製造出了新的樣車。這是一種大馬力、雙缸實用型的賽車。看著面前的這個「新生兒」，威利斯興奮的說：

「福特，它還沒有名字呢，快給它取個名字吧！」

福特想也不想，脫口而出：

「就叫它『A』型車吧！」

威利斯微笑著點了點頭。原來福特早就想好了，按照字母表的順序來給公司生產的汽車命名。「A」型車是福特汽車公司的第一批產品，也是福特有生以來設計的第一個實現大量化生產的車型。

第九章　「A」型車的成功

由於約翰．格雷大部分時間都在管理他的銀行，馬爾康森全心專注在他的煤炭生意上，福特則和威利斯則整天忙於設計車型、繪製圖紙，福特公司的管理事務幾乎全部落在了庫恩斯的身上。事實證明，福特當初沒有看錯他。庫恩斯整天穿著一身筆挺的灰色西裝，面無表情的在工廠中來回巡視，用他那雙銳利的小眼睛查看著產品從設計到生產的每一個細節。

當時，福特公司的零零件大多是由道奇公司提供的。道奇兄弟脾氣暴躁，動不動就用暴力來解決問題。有一次，兄弟倆在酒吧喝酒，一個店員無意間得罪了他們，兄弟倆居然同時拔出了手槍。不過，他們生產的汽車零零件在業界卻享有良好的口碑。沃爾茲汽車公司生產的「快樂的沃爾茲」牌小汽車便是由他們提供的零零件。

儘管如此，庫恩斯對道奇兄弟的產品依然不放心。對道奇公司送來的每一批產品，庫恩斯都會嚴格檢查，有時甚至達到苛刻的程度。有好幾次，脾氣暴躁的道奇兄弟幾乎要和他動起手來。但是無論道奇兄弟如何威脅，庫恩斯總是不露聲色、絕不讓步。

正是在庫恩斯的監督下，福特公司才有條不紊的運轉著。第一批產品很快就生產出來。庫恩斯的苛刻也使他在工人中間得到了一個十分不雅的綽號——狗。有意思的是，庫恩斯知道自己其貌不揚，竟然坦然接受了這一綽號。

然而，不管是痛恨庫恩斯的人，還是喜歡他的人都明白，由他來管理公司確實是公司的福氣。包括福特在內的公司高層都一致認為，在底特律城恐怕再也找不出第二個像庫恩斯一樣稱職的人了。

一九〇三年七月十五日，福特公司賣出了第一輛「A」型車，售價八百五十美元，淨利潤一百五十美元。買主是一位名叫芬尼格的芝加哥牙科醫生。

芬尼格的訂單抵達之後，全公司的人都興奮不已。一向沉著冷靜的庫恩斯在登記客戶的姓名時，興奮得一時竟不知道該如何下筆，以致將芬尼格寫成了芬寧。

在生產車間裡，福特和威利斯也一邊拿著絨布，把早已組裝完成的幾輛「A」型車擦得光亮，一邊輕鬆的吹著口哨。

隨著芬尼格的訂單一起寄來的還有一張由芝加哥特魯斯特和薩文格斯銀行出具的八百五十美元的匯票。儘管只是區區的八百五十美元，但是這卻是公司的第一批收入，代表福特公司已經開始運轉了。

芬尼格醫生的訂單為福特公司帶來了好運。不久，全國各地的訂單便像雪花一樣紛紛落到庫恩斯的辦公桌上。馬爾康森歡喜得合不攏嘴；而身材肥胖的董事長格雷也興奮得忘記了醫生的囑咐，暴飲暴食了好幾天，以至於病倒在床上；脾氣暴躁的道奇兄弟也不再抱怨福特公司經常拖欠貨款的事了。

沒多久，福特公司原來租賃的兩層樓的廠房便無法滿足擴大再生產的需求了。董事會毫不猶豫的作出決定：在兩層廠房上再加蓋一層，作為擴大生產的車間。

（三）

價格相對低廉的「A」型車取得成功之後，福特突然意識到，他前兩次失敗的主要原因是在設計汽車的時候沒有充分考慮到消費者的購買力。因此，福特打算生產一種成本低、品質好，而價格更加便宜的汽車。

十一月六日是兒子埃德索爾十歲的生日。福特十分疼愛埃德索爾，儘管他的性格有些懦弱。平日裡，只要埃德索爾出現在身邊，無論有多忙，福特都會放下手頭的工作，陪他玩幾分鐘。這天下班後，福特走向市中心的商店，準備給兒子買一件生日禮物。

在濃濃的秋意中，底特律的傍晚已經能覺出一絲寒意了。但是深秋季節的蕭條並沒有掩蓋住底特律的繁華與熱鬧。大街上人潮洶湧，馬車、自行車和汽車穿梭不停、熙熙攘攘，好不熱鬧。福特特別留意了一下不時從身邊駛過的汽車，牌子五花八門，車型也各有特色，其中最多的要數沃爾茲公司生產的「快樂的沃爾茲」牌汽車了。

突然，福特聽到一個工人模樣的青年對他的朋友說：

「瞧那輛汽車，多神氣！」

青年的朋友回答說：

「我敢向上帝發誓，馬車很快就要退出歷史舞台了，未來的交通工具一定是汽車。可是，我們要到什麼時候才能擁有一輛屬於自己的汽車呢？價格如此昂貴，除了富人，又有多少人能買得起呢？」

這兩名青年工人的對話引起了福特的深思。當時，工人和農民是美國社會的主要階層，他們的消費水準十分有限。只有降低汽車的生產成本和銷售價格，才能更廣泛的刺激社會購買力，擴大汽車的銷量，從而實現巨額利潤。

從此之後，福特便開始著手設計價格低廉的輕便車。然而，馬爾康森和格雷在這一點上卻與他產生了分歧。由於單車利潤低，馬爾康森等人根本不屑於生產輕便型汽車。在馬爾康森等人的壓力下，福特不得不著手設計速度更高、裝飾更豪華、價格更昂貴的「B」型車。

一天，福特正在認真的工作，庫恩斯輕輕的走了過來，不聲不響的遞給他一張紙。福特接過來一看，只見上面畫著一輛「A」型車，在車的旁邊寫著這樣一段話：

第九章　「A」型車的成功

生產適用於大眾日常生活的各種汽車是本公司的唯一宗旨。請看，它堅固耐用、舉世無雙，有著無與倫比的速度，……無論在陡坡還是泥濘中均通行無阻。這種大馬力雙缸汽車的設計者就是那輛創造了世界紀錄的「999」牌賽車的發明天才……。

福特不耐煩的將紙丟在一旁，大聲說：

「嘿，這算什麼廣告？作為一種謀求在大眾中打開銷路的汽車，我們應該在廣告中強調它的廣泛實用性，而不是強調速度或其他什麼。」

庫恩斯陰沉著臉，半晌才說道：

「我理解你想法。要知道，我已經盡量按你的思路做了改動，特別是廣告的前幾句。如果按格雷先生或馬爾康森先生的意思，這篇廣告會充滿諸如豪華、氣派、速度等字眼，甚至會撒謊說『A』型車是一輛賽車。」

福特皺了皺眉頭，把他新設計的「B」型車圖紙扔在庫恩斯的面前，憤憤的說：

「賽車、高檔車、豪華車！能有幾個人買得起？你看，這就是我們的銀行家和理財專家讓我設計的『B』型車，引擎有四個汽缸，功率至少是『A』型車的一倍以上……。」

庫恩斯揀起圖紙，一邊看，一邊默默的計算著。幾分鐘後，他的那張圓臉皺成了一團，然後用低沉的聲音說道：

「『B』型車的成本至少超過了一千五百美元。」

第二天，福特便與馬爾康森發生了一場激烈的爭論。福特堅持認為，公司應當生產輕便型的大眾化汽車，而不是高檔車，尤其是大馬力的賽車。馬爾康森一方面搬出董事會的牌子來壓福特，另一方面也做出了必要的讓步。

經過討價還價，兩人決定除了新設計的「B」型高檔豪華四缸車外，福特還要為公司設計一款高檔旅遊車。但是福特也可以按照自己的意願，在接下來設計一種輕便型的大眾化汽車——「C」型車。

(四)

一切都不出福特所料，「B」型車生產出來後，幾乎全部積壓在倉庫裡。豪華的「B」型車在當時看來確實是最先進的汽車，但是它的售價太高了，竟然高達兩千美元。要知道，一名普通工人即使不吃不喝，也要四五年的時間才能存夠兩千美元。所以，「B」型車生產出來兩個月過去了，前來訂購的顧客依然寥寥無幾。

馬爾康森等人坐不住了。這位理財與經營專家不得不在宣傳上動起了腦筋。一九〇四年的新年剛剛過去，馬爾康森便對福特說：

第九章　「A」型車的成功

「亨利，『B』車積壓的太多了，我們不得不想辦法宣傳一下它的優勢。」

接著，馬爾康森告訴福特，他準備以公司的名義在聖克雷爾湖的冰面上舉行一次福特汽車的促銷活動。具體內容暫時定為：由「B」型車的設計者福特親自駕車在冰面上完成一公里六百公尺的衝刺。

聽完馬爾康森的介紹，福特皺了皺眉，小聲嘀咕道：

「天吶！這會要了我的命的！」

馬爾康森狡黠的說：

「我想由你這位偉大的設計者來完成表演的話，肯定會產生轟動效應。你知道，到時候我們會請很多記者和名人來參觀的，他們會幫我們宣傳的。」

福特無奈的點了點頭，答應了馬爾康森的要求。

幾天後，表演開始了。福特公司事先已經請人在聖克雷爾湖的冰面上用爐灰渣和煤粉鋪出了一條長一公里六百公尺的筆直賽道。當福特駕駛著和大名鼎鼎的「999」汽車同時製作出來的「AROW」賽車抵達聖克雷爾湖的冰面上時，新聞記者、各界名流和底特律的普通市民已經將湖岸圍得水泄不通了。

克拉拉和埃德索爾也來了。不過，克拉拉和兒子可不是來看熱鬧的，他們實在太擔心福特的安危了。

克拉拉知道，這次表演不同往日的比賽。比賽有勝負，而這次卻是只許勝不許敗的衝刺。如果失敗了，福特和他的汽車公司很有可能會因此名譽掃地，從而在激烈的市場競爭中敗下陣來。在前一天晚上，福特就曾憂心忡忡的對妻子說：

「這次活動對我來說難度太大了！如果能獲得勝利，那對我、對公司都非常重要；但是如果失敗了，後果將不堪設想。」

克拉拉也擔憂的囑咐丈夫道：

「亨利，你答應我，要是這次一切順利，你今後就再也不要參加這種活動了，好嗎？」

福特點了點頭，低聲說道：

「我答應妳，只是明天妳和埃德索爾都不要去。如果看到妳們，我會更緊張的。就讓我去賭一賭吧，如果我順利闖過這一關，就再也沒有什麼能擋住我了。」

克拉拉雖然答應福特不帶埃德索爾去觀看表演，但是她還是去了。她裹著大衣，領著埃德索爾擠在人群裡，焦急的望著冰面上的賽道。福特正在仔細檢查賽道的情況，沒有發現他們。冰面很厚，賽道也鋪設得很好。但是，他發現冰面上有一些裂痕，他不敢

第九章　「A」型車的成功

保證高速行駛的汽車不會震開這些裂痕。

福特向威利斯招了招手。威利斯跑過來，福特大聲說道：

「威利斯，這裡有一些裂縫。我想，我們應該把爐渣和煤屑再鋪厚一點。」

威利斯點了點頭，立即吩咐工人運來了更多的爐渣和煤屑，加厚了賽道。

表演就要開始了。福特發現他還需要一個人壓住油門踏板，以防馬力加到最大值後出現節流杆被卡死的情況。福特公司的一名叫埃德．哈佛的年輕員工自告奮勇的站了出來。

福特發動了汽車，計時員隨即打了一個開始的手勢。福特對埃德．哈佛點了點頭。埃德．哈佛會意，立即將油門踏板壓了下去。「AROW」「嗖——」的向賽道另一端衝了出去，車速瞬間也升了上去。觀眾們都秉著呼吸，緊張的看著。

福特駕駛著汽車跑完全程後，計時員大聲的喊道：

「三十九秒四！」

觀眾們沸騰了！人們嘰嘰喳喳的議論道：

「天吶，時速已經達到了一百四十五公里，這可是一項新的世界紀錄啊！」

當觀眾們為世界紀錄的誕生而歡呼雀躍之時，福特卻被嚇壞了。過了好大一會兒，他才在人們的歡呼聲中面色蒼白的鑽出汽車。他的雙手和雙腿不停的顫抖著，喃喃自語道：

「天吶，我竟然還活著！」

第九章　「A」型車的成功

第十章　與馬爾康森的糾紛

除了賺錢還是賺錢的生意，不是好的生意。

——亨利．福特

第十章　與馬爾康森的糾紛

（一）

福特的表演成功了，福特公司的知名度也迅速的提高。在隨後的幾個月裡，不但是那幾台積壓的「B」型車順利賣了出去，就連隨後設計製造出來的「C」型車也廣受歡迎，雖然這款車與「A」型車相比幾乎沒什麼改進，價格也只不過便宜了五十美元。

銷量大幅提升之後，福特公司的高層們便開始考慮擴大生產規模的事情了。一九〇四年四月，福特公司得到許可，在底特律北區的皮奎特路和波比安街的交叉口處開始興建新廠房。

五月底，福特公司第一次給股東們發了分紅。截止到當月，福特汽車公司總共售出汽車六百五十八台，獲利九萬八千八百五十一美元。這就意味著，公司成立不到一年的時間，股東們就收回了所有的成本，還得到了一個蒸蒸日上的汽車公司。道奇兄弟開玩笑的說：

「這麼快的發財速度，恐怕只有在路上意外撿到金塊才能比得上。」

在此後一段時間，福特變得更加忙碌了。福特汽車公司又推出了「F」型汽車（沒有「D」、「E」型車，其原因至今不得而知）。但是在公司的發展方向上，公司高層再次出現兩種截然相反的意見：以馬爾康森和道奇兄弟為首的股東認為公司應盡快設計並生產出更加高檔的汽車，盡快占領高端市場。他們甚至沒有跟福特商量，就把安裝有六缸引擎的超級豪華型旅遊車列為「K」型車。

得知這一情況後，福特立即找來庫恩斯，開門見山的說：

「我看到該攤牌的時候了！我們應該提出面向大眾的廉價車策略，這幫傢伙這樣做下去會毀了公司的。」

庫恩斯沉思了半晌，緩緩的說：

「福特先生，我認為你的觀點是正確的。到目前為止，即使是最便宜的『C』型車也要比沃爾茲公司的同類車貴一百五十美元左右。但是我們如何說服他們呢？我們也沒有辦法與他們抗衡。你知道，到目前為止，我們的公司不過是一個裝配車間而已，我們使用的所有零配件都是由道奇兄弟提供的。」

福特沉思了半晌，斬釘截鐵的說：

「這種局面必須改變！」

庫恩斯站了起來，不動聲色的說：

「那好吧！雖然現在就攤牌為時過早，但是值得一試！」

說著，庫恩斯便向福特提出了一套與馬爾康森等人相抗衡的方案。

第十章　與馬爾康森的糾紛

在六月舉行的董事會上，福特向馬爾康森發起了挑戰。他在發言中明確提出，公司應該生產面向大眾的廉價車，而不是面向高端市場的旅遊車。

他的話剛說完，股東們便議論開了。馬爾康森氣得臉色發青，連連暗示身為董事長的約翰．格雷站出來反對福特的意見。但是約翰．格雷大病未癒、臉色蒼白，根本不願意與福特爭論。

最後，約翰．道奇、約翰．安德森和賀瑞斯．拉克姆站了出來，公開表示支持馬爾康森。馬爾康森得意的看了看福特，又將目光轉向了庫恩斯，等待著他給福特「最後一擊」。

庫恩斯面無表情的站了起來，先舉出了一系列資料，然後才緩緩的說道：

「我認為，如果單純的生產多汽缸、大功率的豪華旅遊車和賽車的話，公司肯定會很快遭遇厄運的。所以，我支持福特先生的意見。」

馬爾康森指著庫恩斯，鐵青著臉道：

「你，你……。」

庫恩斯不等他說完，便搶先道：

「我認為福特先生的意見代表了未來汽車行業發展的方向。如果諸位一意孤行的話，厄運很快就會向我們招手的。」

經過了一番唇槍舌劍、大喊大叫之後，董事長約翰．格雷作出了貌似公正的裁決：公司在一九〇五年至一九〇六年度按照馬爾康森等大多數股東的意見生產高檔豪華型賽車和旅遊車，而福特和威利斯則可以繼續研究價格低廉的大眾車。如果豪華車型在當年的銷售狀況不好的話，公司將從下一年度按照福特的設想大規模生產廉價車。

會議快要結束時，福特又根據庫恩斯的建議，突然宣布，他準備以十萬美元做資金，成立一家名為「福特汽車製造公司」的企業，擴大企業規模，為福特汽車公司提供更好的零件。

道奇兄弟沒想到福特會突然對他們發起攻擊，而且理由也是如此得名正言順，一時竟然不知道該如何還擊。馬爾康森氣急敗壞的站起來，胡亂的指責了福特一通，隨後宣布，如果福特成立「福特汽車製造公司」的話，他將另外成立一家完全屬於自己的汽車公司。

就這樣，這次董事會在一團混亂中結束了。大病未癒的董事長格雷的病情更加重了，在散會後不久便重新住進醫院。

第十章　與馬爾康森的糾紛

（一）

正當福特聯合庫恩斯取得初步勝利之時，他的父親威廉悄然去世了。雖然父子間的關係一直都很緊張，但是父親突然辭世的消息對福特的打擊依然很大。威廉沒能看到曾被他視為不務正業的機械研究在福特的努力下開花結果。後來，福特曾不止一次的對克拉拉和朋友們說：

「我唯一遺憾的就是我的父親沒能看見後來在我身上發生的一切。」

料理完父親的後事之後，福特幾乎將所有的精力都用在公司上。他下定決心，無論如何都要把以自己的姓氏命名的公司牢牢的掌握在自己手中。為此，他和庫恩斯積極謀劃方案，等待良機。

一九〇五年十一月，福特終於等到了這個機會：當初以五千美元入股的阿伯特．斯特萊羅打算籌集資金到南美洲去開發金礦，遂宣布以二萬五千美元賣掉自己在福特公司持有的股份。福特立即籌集資金，將阿伯特．斯特萊羅的股份買了下來。

八個月之後，福特又迎來了另一次良機。馬爾康森自行成立的飛行汽車公司由於經營不善，發生了資金鏈斷裂的問題。隨即，各大股東紛紛向馬爾康森追討當初的投資。但是馬爾康森已經將所有的資金都投到了廠房建設方面，根本無力償還。為避免新公司走上破產的道路，馬爾康森不得不將他在福特公司持有的全部股份以十七萬五千美元的價格賣給福特。如此一來，福特持有的股份便上升到了百分之五八點五，成為公司的第一大股東。

隨後，福特宣布於一九〇六年七月召開股東大會。所有人都沒有想到的是，董事長約翰．格雷居然在會議召開的前幾天撒手歸西了，他所持有的股份由他的後人繼承。因此，在董事會上，福特以第一大股東的身分自然而然的被選為董事長兼總裁。公司的副總裁由約翰．道奇擔任。庫恩斯除了原有的職位外，還接過了馬爾康森擔任的財務主管一職，他在公司股份中所占的份額也上升到百分之十。

在隨後的幾個月裡，形勢進一步朝著有利於福特的方向發展。一九〇六年底，董事會宣布，由於馬爾康森等人作出的錯誤決定，公司生產的高檔車沒能有效占領市場，銷售額和利潤均嚴重下滑。在發言中，福特一針見血的指出：

「昂貴就是災難！我們必須制定以降低售價、薄利多銷為原則的新策略，推出規格統一、價格低廉、用途廣泛、廣為大眾所接受的新車型……。」

福特的這一主張得到了股東們的一致贊同。現在，福特終於可以按照自己的意願去發展公司了。隨即，福特便推出了價格低廉的「N」型車。

第十章　與馬爾康森的糾紛

其實「N」型車在一九〇六年初就已定型，但是由於馬爾康森阻撓，直到現在它才得到亮相的機會。不出福特所料，「N」型車剛一推出，就獲得了廣大中產階級的青睞。訂單像雪片一般從四面八方飛向福特公司。

隨著生產規模的擴大，原有的廠房已經無法滿足生產需求。於是，福特將目光瞄準了德沃德林蔭大道以北的高地公園，準備在那裡興建新廠房。

高地公園約有四百畝，原本是一處賽馬場。賽車運動興起之後，賽馬運動逐漸沉寂。那裡的賽馬場也逐漸廢棄，已被政府改造成公園。福特買下這座公園，準備在那裡建立他的「福特王國」。

新廠房是由著名的工業建築設計師阿爾伯特·科恩主持設計的。阿爾伯特·科恩是一位從德國移民美國的猶太人，設計風格十分前衛。在設計新廠房時，他採用了當時最先進的鋼筋混凝土建築技術，同時大量使用玻璃，以增強建築的採光效果。

工廠的設計也十分合理。各種工業原料進廠後，透過龐大的運貨電梯直接送到四樓，由那裡的工人把原材料加工成檔板、皮革內飾等大的零件；三樓工人的任務是安裝車輪、拼裝車內地板和用黑色油漆對汽車進行噴塗；二樓則是整車組裝車間，將從四樓和三樓送下來的零件組裝成完整的車。二樓設有專門的斜坡，可以將組裝完成的汽車直接開到一樓的驗車台檢驗出廠。一樓的功能除了驗車之外，還設有幾十間辦公室，供管理和銷售人員使用。

新廠房落成後，福特帶著克拉拉、埃德索爾和公司的股東們來到大樓前。他興奮得像個孩子一樣，拉著埃德索爾的手，問道：

「我親愛的小男孩，你看這裡像什麼？」

埃德索爾抬頭看著、脫口而出：

「像一座教堂。」

在場的人都哈哈大笑起來。克拉拉責備兒子道：

「不要亂說，這明明是一座新工廠，你怎麼能說像座教堂呢？」

一向沉默寡言的庫恩斯在此時出人意料的站出來圓場道：

「夫人，埃德索爾說得很對！這裡是汽車行業的教堂，是一處聖地。我相信，用不了多久，這裡就會成為美國人崇敬和景仰的地方。」

庫恩斯說得沒錯！不久之後，福特公司的新廠房便成為美國汽車行業的聖地、底特律人的驕傲。由於那座鋼筋混凝土架構的玻璃廠房掩映在綠樹紅花之中，遠遠望去彷彿一塊巨大的水晶，底特律人乾脆將其稱作「水晶宮」。

第十章　與馬爾康森的糾紛

（三）

一九〇七年夏季，福特興致勃勃的帶著妻兒驅車前往大西洋城度假。在這個美麗的海濱小城，福特彷彿回到了童年。他和埃德索爾一起在沙灘上堆沙堡，玩遊戲；在淺海區游泳，抓魚，玩得不亦樂乎！

七月，福特返回底特律後的第一件事便是召集分布在美國各地的銷售員，了解「N」型車上半年的銷售情況。

「N」型車是在「A」、「C」和「F」等幾款廉價車型的基礎上改造而成的輕型敞篷車。在生產「N」型車之時，福特公司第一次使用了釩鋼。釩鋼是在冶煉鋼材過程中加入了釩而得到的新型合金。這種合金的重量比傳統的鋼材要輕很多，但是強度非但沒有降低，反而提升了許多。

早在一九〇五年，福特就在一次汽車大賽上發現，歐洲選手駕駛的汽車普遍比美製汽車輕一些。他走到一位法國選手的旁邊，大聲問道：

「先生，你們的汽車似乎比我們的要輕不少呢！」

那名法國選手打量了一下福特，沒有回答。這時，一位翻譯走過來向那位選手介紹道：

「這位是福特汽車公司的亨利．福特先生。」

法國選手沒有料到，站在自己面前的竟然就是大名鼎鼎的福特，急忙站起來，誠懇的說道：

「福特先生，我為我剛才在您面前的失禮而感到抱歉，請您原諒！」

福特微笑著說：

「沒相關係。在賽場上，我們是對手；但是就汽車發展而言，我們可以成為很好的朋友。」

法國選手尷尬的笑了笑，隨即向福特介紹了歐洲汽車比美製汽車重量輕的原因。原來，歐洲的汽車使用了一種新型合金材料——釩鋼。

比賽結束了，福特公司的大馬力「K」型車又一次獲得勝利，但是福特一點也興奮不起來。他滿腦子裡充滿了「釩鋼」這個詞。離開賽場之後，福特立即驅車來到一家小型鋼鐵公司，詢問美國鋼鐵廠為何不生產釩鋼。鋼鐵公司的總經理告訴他：

「原因很簡單，我們的爐溫不夠。要煉成釩鋼，高爐必須要達到一千六百五十度的高溫，但是我們的高爐只能達到一千四百八十五度。」

福特立即說：

第十章　與馬爾康森的糾紛

「好好做吧！如果你們能夠達到這個溫度，我們不僅訂你們的貨，還會向你們提供贊助。」

在福特的鼓勵下，那家小型鋼鐵廠立即改進了生產工藝。幾個月後，他們如願以償的煉出了美國歷史上的第一批釩鋼。福特公司生產的「N」型車也自然而然的成為美國歷史上第一批使用釩鋼的工業產品。

這種車的重量大大減輕了，而強度卻提高了不少。不久後，福特便設立了自己的冶金實驗室，還聘來自己的同學、著名的冶金工程師旺達西主持冶金實驗室的工作。

「N」型車定型之初，庫恩斯根據福特汽車製造公司提供的零件報價推算出，這種車的單價應該在四百五十美元左右。後來，由於福特汽車製造公司在工藝流程標準化改造過程中出現了一些問題，導致它向福特汽車公司提供的零件大為減少，根本無法滿足訂單的需求。

在這種情況下，福特不得不繼續從道奇公司買來部分零件應急，這就在一定程度上提高了「N」型車的生產成本。經過幾次調價，「N」的售價歷經五百美元、五百五十美元等幾個階段會，最後穩定在六百美元。即使如此，「N」型車的售價依然比其他公司的同類車型便宜一百至兩百美元。因此，「N」剛一推出，其銷量便直線上升。

「N」型車的成功更加堅定了福特製造低價輕便車的信念。在一九〇七年七月召開的董事會上，福特便宣布：

「本公司將致力於生產的標準化，生產規格統一、價格低廉、品質優越、能為廣大民眾接受的產品……。」

接著，福特又向股東們宣布了一個祕密。原來，他早在一九〇六年就授意威利斯在「水晶宮」的頂部設立一個試驗車間，專門從事新型汽車的研製和新技術、新材料的開發。實驗室的主要發明者除威利斯之外，還有丹麥籍的機械工程師查爾斯．索倫森(Charles E. Sorensen)和曾在德國汽車工廠工作過的匈牙利技師加倫布。在威利斯的帶領下，他們分為兩組，一組專門負責開發「N」型車的改進車型「R」型和「S」型，另一組則開發新一代的車型——「T」型車。

董事會結束後，福特親自駕車送公司的另外一名股東約翰．安德森回家。路上，他興致勃勃的向安德森透露：

「我想製造一種全美國的農民都能買得起的汽車。這種車有一個活動的引擎，可拆可卸，農民們既能乘坐它去集市，又可以把它作為運貨的工具，甚至在必要時拆下引擎去用作鋸木、驅動農機和攪拌牛奶的動力機。」

第十章　與馬爾康森的糾紛

安德森明白，福特是在試探自己，因為自己曾是馬爾康森忠實的支持者。安德森沒有回應福特的談話，不過他心裡明白，自己與福特的決裂已是必然的了，剩下的只是時間和方式問題。

第十一章 「T」型車神話

自己的鞋子讓別人的腳來穿；用別人的想法來思考。

——亨利·福特

第十一章　「T」型車神話

（一）

一九〇七年，美國的經濟發展陷入了低谷，工業產品的銷售也急劇下滑。但是福特汽車的銷售量卻在不利的經濟環境中逆勢而上，獲得了大幅提升。截止到一九〇七年十二月三十日為止，福特汽車公司僅售出的「N」型車就達到了八千兩百四十三輛。這使福特公司成立以來的總收入達到了四百七十萬美元，年均營利超過了百萬美元。

在當年年底召開的董事會上，董事們投票表決，一致同意把總裁兼總經理福特的月薪由三百美元升為三千美元，為原來的十倍。當然，這一數目同年終分紅的數目相比，顯然是微不足道的，股東們只不過想以這種方式表達他們對福特的敬仰。

然而，福特並沒有沉浸在「N」型車的成功所帶來的喜悅中，而是把自己大部分的精力都集中在即將誕生的「T」型車上。一九〇八年春天，福特公司在底特律著名的賈斯特菲爾德飯店舉辦了「T」型車新聞發布會。在會上，福特向大眾描述了即將誕生的「T」型車的大致輪廓。

「T」型車的主體部分是用釩鋼製作的，車身輕，強度高。但是這還不是「T」型車最突出特點，它最大的特點是全部沒有一點華而不實的設計。整體都是黑色、大車輪、高底盤，車中沒有里程表，沒有油量顯示表，甚至連擋風玻璃都沒有。

福特打著手勢，信心十足的宣布說：

「我可以保證，這種車找不出一絲華而不實的地方。這是專門為大眾設計的，一種人人都能買得起的大眾車。」

一名記者站起來，大聲問道：

「福特先生，這種車的售價預計是多少？」

福特洋洋得意的回答說：

「去掉附件，每輛車賣八百五十美元。」

福特的回答立刻在會場上引起了一陣騷動，記者們紛紛議論道：

「天吶，這簡直是難以置信的價格！」

當時，美國汽車行業盛行漲價之風，再加上通貨膨脹等原因，大部分汽車的售價都超過了一千美元。然而，福特公司的「T」型車卻保持著五年前推出的「A」型車的價格。因此，新聞發布會結束之後，美國的各大報紙紛紛發表評論，對「T」型車的性能表示懷疑。

福特沒有理會輿論界的懷疑，而是鼓勵他的研發小組說：

「同事們，加快速度做吧！讓那些對我們的新東西有疑問的人見鬼去！我們要讓這種車征服美國的所有道路，還要讓有收入的人都買得起。」

說完，他把幾張刊載著對「T」表示懷疑的文章的報紙扔在腳下，還像個孩子似的用力踩幾下。威利斯高聲喊道：

「亨利，放心吧，我們會讓他們的懷疑和這些報紙一樣，統統見鬼去！」

在哄笑聲中，眾人又投入到緊張的工作之中。福特帶著研發小組沒日沒夜的做著，終於在一九〇八年三月十九日推出了第一輛「T」型車。與市場上的同類車型相比，「T」型車採用了大量先進的技術，但是售價卻只有八百二十五美元。

同年十月，投入大量化生產的「T」型車開始出現在美國的汽車市場上。消費者立即被這種性能優越、價格低廉、易於維護、用途廣泛的產品迷住了。新聞界對「T」型車的評價也由最初的懷疑變成為熱烈的讚揚。一時之間，似乎整個國家都被淹沒在對「T」型車的狂熱之中。

有人這樣說：

「這種車的每一個零件都是為適應延伸到美國各地的山路和土路而精心設計的，它可以像踩高蹺那樣通過亂石遍布和泥濘不堪的路面。」

有人這樣說：

「它和其他汽車一樣顛簸，是因為它只有骨骼肌肉而沒有脂肪。但是只要一上路，就會大顯神通，什麼樣的阻礙都擋不住它！」

還有人將它比作幾種動物，說道：

「『T』型車具有騾子的某些性格，還有獵犬的勇猛和駱駝的耐力。即使是在惡劣的環境中，它也英勇無畏。它是如此優越，如此具有個性，甚至讓你有時覺得它對人類有一種隱隱的敵意，似乎這優秀的東西有了自己的生命。」

隨著「T」型車的大成功，亨利．福特也獲得了重大的榮譽。一位冷靜的記者撰文指出：

「亨利．福特以性能優越和價格低廉的『T』型車帶給人們的最大喜悅，是把汽車從富人們的娛樂工具中獨立出來，並向人們展示了這樣一個光輝的前景：千百年來困擾著人們的的問題即將得到解決，一種新的生活就要開始了！」

(二)

隨著「T」型車取得大成功，一個讓福特意想不到的麻煩也找上了門。一九八五年十一月，美國政府曾授予發明家喬治．塞爾登（George Baldwin Selden）一份專利，

第十一章　「T」型車神話

顯示塞爾登擁有「所有商業用途汽油汽車的控制權」。一九〇九年五月二十八日，由二十六家美國汽車製造商組成的美國有照汽車製造商協會向紐約法院提起訴訟，認為亨利·福特侵犯了他們的「塞爾登專利」。

汽車製造商協會就像一隻無形的巨手，以專利權為藉口，迫使幾乎所有的美國汽車製造企業都要向它繳納專利使用費。福特也曾申請加入該協會，但是他們以「兩次經營失敗」為理由拒絕福特汽車公司加入該組織。

當「T」型車為福特公司帶來滾滾財源之時，該協會開始上門找麻煩了。協會負責人獅子大開口，向法院提出要求：

「福特汽車公司因為侵犯我們的專利，必須向我們賠償一百萬美元。」

福特氣憤極了，立即把庫恩斯叫到辦公室，商量應對之策。冷靜的庫恩斯說：

「我們當務之急不是想著如何打贏這場官司，而是想著怎樣保證『T』型車的銷售量。」

福特問道：

「那我們現在該怎麼辦？」

庫恩斯回答說：

「我們必須向消費者保證，我們與協會之間的專利糾紛不會影響他們對『T』型車的使用。」

「好吧，這件事情就交給你來辦吧！」福特說。

幾天後，庫恩斯遞給福特一份法律文書。福特接過來一看，只見上面的內容大意是：福特公司向所有的消費者保證，公司與協會的爭端絕不會影響消費者的利益。無論訴訟結果如何，所有責任都將由福特汽車公司獨力承擔。

庫恩斯說：

「只有將這份法律文書附在出售的每一輛『T』型車上，才能打消購買者的顧慮。」

福特握著拳頭，大聲說道：

「好，庫恩斯，就這麼辦！讓那幫別有用心的傢伙見鬼去吧！汽油汽車凝聚了全人類的智慧，它的使用權不屬於任何個人或組織，而屬於全人類。」

福特的觀點是符合汽車發展的歷史事實的。實事求是的說，汽車的出現並不是單一個人的功勞，而是諸多科學家共同努力的結果。正是在這一觀點的支撐下，福特信心十足的來到紐約，以鎮定的神情、尖銳的語言在法庭上向不可一世的對手發起了挑戰。

然而，讓福特大感意外的是，紐約法院竟然支持汽車製造商協會的無理要求，並於九月十五日作出判決，認為出售任何汽油汽車都是對「塞爾登專利」的侵犯。大失所望的福特立即向最高法院提出上訴。

第十一章　「T」型車神話

回到底特律之後，福特一邊像往常一樣忙碌著，一邊等待最高法院的判決結果。一天，福特在底特律的一場高端酒會上結識了當時的百萬富翁、身材又高又胖的威廉·杜蘭特（William Crapo Durant）。

杜蘭特是一個頗富傳奇色彩的人物，他出身優越，其外祖父曾南北戰爭末期和戰後初期擔任麻省州長。但是不安分的杜蘭特在養尊處優的環境中並沒有養成貴公子的紈絝習性。十七歲時，他便離開學校，在祖父的木柴廠當起了一名基層辦事員。

在木柴廠工作的杜蘭特如魚得水，不僅出色的完成了各項分內工作，還很快成長為一名出色的企業管理者和成功的推銷員。但是杜蘭特並不滿足將自己的業務只停留在木柴生意上，而是將自己的業務拓展到了專利藥品、雪茄和房地產等利潤更高的行業。

在短短的幾年裡，杜蘭特就取得了很大的成功。西元一八八六年，杜蘭特投資一千五百美元，在佛林特市與道拉斯·道特合作創辦了一家馬車製造公司。經過十五年的發展，他生產的馬車幾乎遍布美國，乃至世界的每一個角落。他最初投資的一千五百美元也變成了兩百萬美元。

杜蘭特的銷售和經營才華如此出眾，以致他的朋友評價他說：

「杜蘭特可以把沙子賣給阿拉伯人，然後還能把篩沙子的篩子賣給他們。」

二十世紀初，當馬車逐漸淡出歷史舞台，汽車製造業蓬勃發展之時，杜蘭特立即將目光轉向汽車行業。一九〇三年夏季，美國最主要的汽車製造企業，別克汽車公司因經營不善導致資金鏈斷裂，供應商聞訊都紛紛停止了供貨。別克公司總裁大衛·別克(David Dunbar Buick) 甚至不得不宣布出售他的公司。

一九〇四年八月，杜蘭特決心接管銷售低下、負債累累的別克公司。三個月後，杜蘭特買下別克公司百分之六十五的股份，成為公司最大的股東，並順理成章的被選為董事長。

經過杜蘭特四年的苦心經營，別克公司終於在一九〇八年時成為美國最頂尖的汽車製造商之一，別克汽車也成為了市場上最暢銷的品種之一。

(三)

隨著別克汽車公司的業務蒸蒸日上，杜蘭特又開始為自己的汽車王國勾畫更為宏偉的藍圖了。他打算透過重組或收購等方式，成立一家擁有眾多品牌的超級汽車公司。

第十一章　「T」型車神話

一九〇八年九月十六日，杜蘭特在紐澤西州組建了通用汽車公司，並以股票換股票的方式成功的將十三家汽車公司和十個零件生產商合併在一起，其中包括凱迪拉克汽車公司、奧斯摩比汽車公司和奧克蘭汽車公司等。

當聽說福特公司與汽車製造商協會產生專利糾紛時，杜蘭特甚至萌生了兼併福特公司的想法。因此當在酒會上碰到福特時，杜蘭特叼著哈瓦那雪茄，陰陽怪氣的說：

「哎呀，福特先生，你怎麼又瘦了這麼多呢？你為什麼不多吃一點呢？如果你不好好的愛惜自己的身體，怎麼能長命百歲，又怎麼能更好的經營自己的企業呢？」

福特並不是一個開不起玩笑的人，如果在平時，他肯定會對杜蘭特的玩笑一笑了之。但是由於跟汽車製造商協會的糾紛問題，福特的心情糟透了，所以他毫不客氣的反唇相譏道：

「杜蘭特先生一定知道我在底特律有一家醫院，我經常去那裡，但是從來沒有一次是去看病，而是去看望那些因為吃得太多而求醫問藥的人，他們就像閣下這樣，又高又胖。」

眾人聽了福特巧妙的諷刺，不禁哄堂大笑。杜蘭特面紅耳赤，無言以對，只好聳聳肩，故作瀟灑的把手中的雪茄拋往空中，目送福特端著一杯橙汁向大廳的另一方向走去。

第二天，福特和庫恩斯正在分析最高法院會如何判決時，杜蘭特突然來訪。他依然叼著雪茄，然後一屁股坐在福特辦公室的沙發上，開門見山的說：

「我已經收購了凱迪拉克、奧斯摩比等汽車公司，現在想購買你們的公司，將它們一起併入通用汽車公司，組成一個規模空前龐大的新公司。」

福特驚愕的望著杜蘭特，半晌沒有說話。杜蘭特輕鬆的吐了一口煙霧，緩緩說道：

「我已經和有照汽車製造商協會簽訂了協定，取得了『塞爾登專利』的使用權。」

「杜蘭特先生好大的胃口！」福特笑著說。

但是庫恩斯和杜蘭特發現，福特臉上雖然掛著笑容，他的眼睛裡卻一絲笑意也沒有。小小的辦公室裡立即陷入了尷尬的沉默。

過了半晌，庫恩斯看著杜蘭特，冷冷的說：

「讓我們考慮一下吧！」

杜蘭特不失時機的說：

「好吧，我一週後在百樂門飯店恭候兩位的大駕。」

送走杜蘭特，福特不由讚嘆道：

第十一章　「T」型車神話

「杜蘭特真是個有魄力的傢伙！」

庫恩斯面無表情的問道：

「你是怎麼想的？」

福特從頭上摘下那頂鑲著一道黑絲帶的灰色禮帽，用手攏了攏花白的頭髮，嘆了口氣，回答說：

「說實話，我不想做下去了。庫恩斯，只要價錢合適，我們這兩個上了年紀的老傢伙乾脆回家安安心心當百萬富翁去算了！」

庫恩斯黯然神傷的追問道：

「你已經下定決心了嗎？」

福特用力點了點頭，吩咐說：

「你計算一下價格吧。」

庫恩斯沉思了一會兒，然後說道：

「至少要給八百萬。」

福特斬釘截鐵的說：

「好，那就八百萬，而且要現金，少一毛錢也不行。」

突然，庫恩斯又問：

「要是沒談成，那我們怎麼辦？」

福特把手中的帽子重重的摔在辦公桌上，惡狠狠的罵道：

「那就跟汽車製造商協會那幫混蛋拚到底！」

（四）

一週後，福特、庫恩斯等人與杜蘭特在百樂門飯店舉行了一場毫無懸念的談判。魄力十足的杜蘭特幾乎毫不猶豫的接受了福特提出的條件，準備以八百萬現金收購福特汽車公司。福特也十分大度的接受了杜蘭特提出的條件，即「不得在出售公司後再另起爐灶」。杜蘭特明白，「福特」這個名字在汽車行業已經成為一張亮麗的名片。假如福特另起爐灶的話，他的通用汽車公司定會遭受強有力的挑戰。

如果福特汽車公司就此被杜蘭特收購的話，福特和他的汽車王國定然會悄然退出歷史舞台。然而，就在雙方進入實質性談判時，杜蘭特的投資合夥人，尤其是那些缺乏遠見的銀行家退縮了。杜蘭特無法按照合約約定的時間拿出足夠的現金，收購福特汽車公司的協議最後不得不取消。

第十一章　「T」型車神話

福特沒了退路，不得不鼓起勇氣重新迎面而上。在此後一年多的時間裡，他一邊與有照汽車製造商協會周旋，一邊繼續生產和銷售「T」型車。由於「T」型車已經深入民心，大眾和社會輿論大都站在福特這邊。新聞界都紛紛稱讚他是一個「有骨氣的人」，具有「無所畏懼的膽識和勇氣」，是「世界上深受人們喜愛的勇於奮鬥的人」。

一九〇九年至一九一〇年度，「T」型車的銷量達到了驚人的一萬八千六百四十四輛。面對急劇擴大的市場需求，福特和庫恩斯傷透了腦筋，不得不提前將「水晶宮」工廠提前投入使用。一九一〇年至一九一一年度，福特汽車公司的產量提高了近一倍，共生產三萬四千五百二十八輛「T」型車。

一九一一年一月九日，最高法院終於作出了一項具有決定意義的最終裁決。法官認為，汽油汽車的主要技術是一種「社會發明」，並不屬於任何個人或組織，所有的汽車製造商都可以平等使用。為了打破有照汽車製造商協會的壟斷，最高法院宣布該協會為非法組織，必須就地遣散。

福特勝利了，福特汽車公司和廣受歡迎的「T」型車迎來了又一個春天。為此，福特興奮的對庫恩斯說：

「天與地之間的界線消除了。瞧，已經沒有任何力量能夠阻擋我們前進了！」

晚上，福特和庫恩斯等人驅車來到百樂門飯店。美國有照汽車製造商協會的成員們原本打算在那裡慶祝勝利的。他們誰也沒有想到，最高法院會宣布他們敗訴。偌大的飯店中只有幾個人，他們默默無言的互相望著，眼中充滿悲傷。

福特來到飯店，向在場的人一一致意，而後他點燃一支泥煙斗，遞給靠自己最近的人。眾人明白，這是印第安人表示和解的方式。如果眾人願意與福特和解，只要每人抽一口泥煙斗，再將它傳到福特的手上就可以了。

眾人面面相覷，似乎在詢問對方的意見。幾秒鐘後，那人將煙斗放在嘴邊，輕輕抽了一口，又遞給下一個人。幾分鐘後，泥煙斗又被傳到福特的手中。福特很注重養生，從抽煙喝酒，但是這次卻破例抽了一口。

在回家的路上，福特喃喃自語道：

「主說：『予人屈辱者，必將受人屈辱』。」

不久，有照汽車製造商協會便在屈辱中悄然解體了，福特公司趁機向大眾發起了廣告攻勢。在紐約、底特律等大城市，公司豎立了許多新設計的看板。在看板上，一位美麗的年輕女郎駕駛著「T」型車飛馳著，她的圍巾迎風招展，異常美麗。圖畫的下方是一句簡單明瞭的廣告詞：

第十一章　「T」型車神話

「請看！福特汽車駛過！」

第十二章　日薪五美元工作制

任何人只要做一點有用的事，總會有一點報酬，這種報酬是經驗。這是世界上最有價值的東西，也是別人搶不去的東西。

——亨利·福特

第十二章　日薪五美元工作制

（一）

隨著經濟環境的好轉，美國中產階層對汽車的需求量急劇上升，「T」型車的銷量也不斷攀升。消費者對「T」型車的熱情不減，新聞界也不厭其煩的報導它所締造的傳奇。

一九一二年初，一位冒險家用「T」型車征服了著名的科羅拉多大峽谷。記者在報導這一奇蹟之時，濃墨重彩的讚揚了「T」型車的牢固性。

同年，一個普通的鄉村教師駕駛「T」型車在農田汽車越野賽上輕鬆獲得了冠軍。當記者採訪他時，這位剛剛獲得冠軍的教師指著他心愛的「T」型車說：

「你們應該去採訪它。」

福特每天都會看一看報紙是如何評價「T」型車的。一天早晨，他把報紙遞給庫恩斯，洋洋得意的說：

「庫恩斯先生，快看，報紙成了我們最好的廣告，新聞記者們成了『T』型車最賣力的推銷員。」

庫恩斯不愧為一位出色的企業管理者，他不失時機的建議說：

「我們也不能閑著，我們應該打鐵趁熱，在全國搞一些活動來加深大眾對『T』型車的印象。」

說完，一向沉默寡言的庫恩斯默默走出辦公室。福特看著他的背影，頑皮的做了個鬼臉，低聲道：

「庫恩斯永遠都是那麼冷靜。」

不久，福特公司便在庫恩斯的策劃下展開了一系列的宣傳活動。有一次，在眾多記者面前，福特親自把一輛嶄新的「T」型車的驅動輪輪胎卸下來，然後先後在上面掛上了圓鋸和脫穀機，以說明「T」型車對農民來說具有多重用途。

福特公司遍布全美的經銷商更是想出了許多別出心裁的宣傳方法。有的人開著「T」型車從台階上開上開下，以展示它的牢固性；有人組織了全部由「T」型車參加的汽車馬球比賽，以顯示它的靈活性。

拉斯維加斯的一名經銷商的宣傳方法更加巧妙。在拉斯維加斯著名的牧人競技比賽中，一名牛仔靜靜的站在停在賽場上的「T」型車旁。比賽正式開始之前，一頭公牛突然在場地上飛奔起來。那名牛仔等公牛的速度達到最快時，發動汽車追了上去，然後從車中飛身躍出，一把將公牛扭倒在地。被驚呆了的觀眾立即發出了震天動地的吶喊！

毫不誇張的說，「T」型車是當時最受大眾歡迎的車型。一時之間，它不但成為福特公司的經典車型，也成為美國汽車行業的一個傳奇。福特曾半開玩笑的對別人說：

第十二章　日薪五美元工作制

「『T』型車就是我亨利．福特的名片。」

很快，連「水晶宮」那座龐大的工廠生產的「T」型車也無法滿足市場的需求了。一九一二年秋，福特召集了公司管理和技術人員，商討如何提高生產效率，滿足不斷增長的市場需求。福特首先宣布：

「我們不能一味的擴大廠房面積和增添機器設備來擴大生產，這是不現實的。」

福特注視著在座的每一個人，似乎在詢問他們有什麼好辦法。庫恩斯像往常一樣，冷冷的坐在福特的旁邊，一言不發。威利斯和查爾斯．索倫森則微笑著注視著福特，一副胸有成竹的樣子。滿頭金髮、相貌英俊的工程師查爾斯．索倫森在「T」的開發過程中功不可沒，如今他和另外一位丹麥籍工程師威廉．努森又為福特公司設計了一套先進的工作流程。

福特早已知道索倫森的設想了。他見索倫森半晌不說話，有些焦急的說：

「好了，索倫森，別再賣關子了，把你的想法說出來吧。」

索倫森終於開口了。他輕描淡寫的說：

「我和努森商量過了，我們建議安裝生產流水線。」

威廉．努森是福特從一家鋼鐵公司挖來的管理人員，他對著名的企業家和管理專家弗雷德里克．溫斯洛．泰羅的「自動流水線」原理頗有研究。從西元一八八〇年代起，泰羅便開始研究科學管理的方法和理論，並且做了大量的嘗試。在其代表作《科學管理研究》一書中，他系統的闡述了當時最為先進的生產方法——自動流水線。由於這一偉大的創舉，泰羅被後世尊為「科學管理之父」。

這是，努森大聲道：

「是的，就讓我們參照一下泰羅先生幾年前所做的改革，將自動流水線引入到生產中來吧。」

在福特和庫恩斯的大力支持下，會議最後決定，由索倫森和努森全面負責福特汽車公司的生產流水線試點工作。稍後，這一方法將會被逐步推廣開來。

（二）

一九一三年春天，世界上第一條投入使用的自動生產流水線在「水晶宮」的發電機車間建成了。福特發現，自動生產流水線的優越性簡直無可比擬。產品的生產工序被分割成為一個個的環節，每個工人只負責其中的一個環節，川流不息的傳送帶把上一個工人製造的半成品傳遞給下一個工人。由於工人的熟練度有了大幅提升，產品的品質和產

第十二章　日薪五美元工作制

量也相應的都提高了。

福特立即命令將這一先進的管理技術推廣到整個工廠。幾個月後，「水晶宮」的所有車間全部安裝了自動生產流水線。流水線作業不但對福特汽車公司產生了很大的影響，對世界工業的發展也起到了十分重要的促進作用。福特公司安裝流水線的當年，其產量便翻了一倍。與此相對應的是，工人的數量不但是沒有增加，反而從一萬四千三百三十六人減少到了一萬二兩千八百八十人。此後，各大企業爭相效仿福特汽車，在生產中加入流水線作業。

然而，流水線作業也帶來了負面影響。與工業產品的產量大幅提升形成鮮明對比的是，工人工作強度增加了，但是收入卻大為降低了。一九一三年的耶誕節前夕，天氣變得異常寒冷。底特律的街頭並沒有因為佳節即將來臨而熱鬧起來，反而顯得異常淒涼。因為城市的大多數居民都是貧苦的工人。他們根本沒有多餘的錢來裝飾豪華的聖誕樹，為孩子購買聖誕禮物。

一天，庫恩斯參加完一個上流社會舉辦的酒會，回到家時已經是凌晨了。他不經意間走到視窗，發現寒冷的街道上有一群下了夜班的工人在匆匆趕路。他們穿得如此單薄，被凍得瑟瑟發抖。庫恩斯看了看自己家中的擺設，又來到燃燒著熊熊烈火的火爐旁，不禁心緒萬千。

庫恩斯曾是馬爾康森手下的一名普通職員，也曾經過著飢寒交迫的日子，因此他完全了解工人們的苦難。沉思了良久，他不禁感嘆道：

「工人們實在太辛苦了！他們為公司創造了巨額利潤，自己卻過著飢寒交迫的日子，這實在太不公平了！」

第二天上班時，庫恩斯來到福特的辦公室，把他前一天夜裡的感受講給福特聽。福特問道：

「那又怎麼樣呢？」

庫恩斯沒有回答，只是默默的將一份材料遞給福特。福特打開一看，只見上面用詳實的資料分析了福特公司工人的工作強度與薪水不成比例的狀況。由於採用了先進的自動生產流水線，福特公司工人的工作強度普遍比其他工廠高一倍、甚至數倍。工人們機械的工作著，每隔四個小時才能得到片刻的休息。然而，他們的薪水卻僅相當於底特律的平均薪資——每天兩美元三十四分。

庫恩斯在材料的最後還分析了這種狀況對公司所造成的負面影響。由於普遍採用了自動生產流水線，福特公司取消了原來的「多勞有獎」的分級薪水制度，代之以最原始

第十二章　日薪五美元工作制

的計時薪水制。如此一來，工人的工作積極性便大為降低。於是，大批工人做了一段時間後便紛紛離職，去其他工廠從事報酬相當但是工作強度卻低得多的工作。當時，福特公司的員工團隊變更率高達百分之三百八十。最高峰時，公司每穩定一百個工人，其招聘定額竟然要達到九百六十三人。

在工人運動風起雲湧的二十世紀初，世界產業工會聯合會盯上了福特公司。聯合會在工人間散發傳單，指責福特加大工作還強度剝削工人，甚至將福特公司稱為「血汗工廠」。當時，庫恩斯已經得到消息，福特公司的工人們正準備於一九一四年的夏季發動大罷工。

福特默默的看完材料。這時庫恩斯接著說：

「總體情況對我們非常不利。如果公司培養一名熟練工人需要花費一百美元的話，那麼每年因為工人辭職而造成的損失就高達一百萬美元，其中還不包括其他的間接損失。」

「那麼你認為該怎麼辦呢？」

「我們必須給工人增加薪水。」庫恩斯盯著福特的眼睛，冷冷的說。

福特點了點頭：

「你認為應增加到多少錢？三美元行嗎？」

「恐怕不行，必須提高到五美元。」

福特被嚇了一大跳，大聲說道：

「什麼？五美元！是底特律工人平均薪水的兩倍？」

「對，必須是五美元！」庫恩斯堅持道。

福特沉思了半晌，緩緩回答道：

「先讓我考慮一下吧！」

（三）

耶誕節過後，庫恩斯又來到福特的辦公室，重提「工作日薪五美元」的話題。福特同意提高工人的薪水，但是不同意五美元的標準。他再次試探性的問：

「三美元五十分怎麼樣？」

庫恩斯依然以毫無商量餘地的口吻回答說：

「必須是五美元。」

福特臉色變得鐵青起來，他默默的在沙發上坐了幾分鐘，突然說道：

第十二章　日薪五美元工作制

「那就四美元吧！」

庫恩斯盯著福特的眼睛，強硬的說：

「不，必須是不折不扣的五美元。」

福特突然笑了起來，大聲說：

「好吧好吧，庫恩斯，五美元就五美元。但是你必須答應我一個條件，我們必須以『利潤分享』的名義為工人加薪。」

庫恩斯知道，所謂的「利潤分享」不過是福特的一個詭計，他隨時可以以利潤下降為藉口取消加薪。但是無論如何，福特已經在加薪的問題上向他作出了讓步，如果自己再堅持下去，恐怕連「利潤分享」都保不住了。他點了點頭，同意了福特的方案。

一九一四年一月五日，「日薪五美元制」方案在董事會上獲得通過。福特鄭重宣布：「本公司將實現日薪五美元制。任何合格的福特汽車廠的工人不論年紀，不分工種，都能領到他自己的一份。」

與此同時，福特還宣布，公司將廢除一日九小時工作制度，實行一日八小時的三班輪班制度。

這兩項制度的宣布立即在新聞界和大眾中間引起了強烈的轟動。幾天之後，福特公司不得不舉行了一場記者招待會，詳細解說改革的內容。在記者招待會上，庫恩斯向記者們宣布了公司的薪水和工時改革方案。福特則一臉輕鬆的坐在旁邊，回答記者們提出的問題。

一名記者問道：

「亨利．福特先生，請問你對這項改革有何看法？」

福特回答說：

「我寧願我的公司裡有兩萬富裕起來的工人，也不願我的公司裡只有一小部分新貴族和百萬富翁。」

說完，福特望瞭望站在發言台上的庫恩斯，示意他繼續宣布其他消息。庫恩斯會意，大聲說道：

「先生們，我們還有一條重大消息要向大眾宣布。為了適應一日八小時三班輪班的新工作制，福特汽車公司將面向全世界招收四千名工人。不分種族、年齡，只要符合公司的條件，他們每天都能領到五美元的薪水。」

招工的消息一公布，底特律的人們都鼓譟了、整個美國都沸騰了。大量青年工人紛紛從全國各地湧向底特律，匯聚到「水晶宮」的大門口。一月六日凌晨兩點，上萬名求

第十二章　日薪五美元工作制

職者冒著嚴寒匯集在「水晶宮」的門前，等待得到新的工作，而且人數還在不斷增加。

通往底特律的各條公路上也排起了浩浩蕩蕩的汽車長龍，無數求職者正搭乘貨車趕來。記者們經過調查發現，他們來自全國各地，包括職員、工人、水手、農民和礦工。

一家報紙當時如此評價這種現象：

「福特汽車公司引起了一場全國性的人口大遷移。」

一向遇事冷靜的庫恩斯慌亂起來，因為公司僅需要招收四千人，而且招聘根本無法在幾天之內完成。高地公園的警長西蒙也憂慮的對福特說：

「這樣下去一定會出事的。」

為了防止出現突發事件，西蒙急忙向其他地區的員警發出請求，讓他們攜帶警棍、消防水龍頭等警械裝備前來「水晶宮」維持秩序。

幾天後，庫恩斯和西蒙擔心的情況終於發生了。那些來自外地的人在寒風中守候了幾天，飢寒交迫，終於出現了暴動的跡象。早晨，當一批福特汽車公司的工人精神抖擻、穿著乾淨的工裝、胸前別著閃閃發光的胸卡前來上班時，求職者將他們堵在了門外。

工人們大喊道：

「讓我們進去。」

或許是出於嫉妒，也或許是為了發洩心中的不滿，求職者根本不理會工人的請求，越聚越多，與工人們對峙起來。幾分鐘後，工人們企圖衝過人牆，進入工廠。場面立即混亂起來，以求職者為一方，以福特公司的工人和職員為另一方，開始了激烈的打鬥。

嚴陣以待的員警不得不介入衝突之中，用高壓水龍頭向求職者的團隊噴水。求職者們則撿起地上的石頭和凍土塊還擊。當時的氣溫在冰點以下，水一噴到衣服上，立刻結成堅硬的冰塊。求職者們漸漸招架不住，最終慢慢散去了。「水晶宮」在混亂中也遭到了不小的破壞，許多玻璃都被打得粉碎。

(四)

「水晶宮」門前的衝突讓福特陷入被動之中，各大媒體開始紛紛指責他為富不仁，對工人採取極端手段。但是這種指責很快就被另一場聲勢浩大的爭論掩蓋了。一些中低收入者將福特視為上帝派來解救他們的使者，紛紛祈求上帝保佑他。而工廠主和大銀行家們則將他視為一個瘋狂的階級叛徒，紛紛指責福特不僅違反了「道德規範」，還「犯了經濟罪」。密西根州的一個木材商甚至赤裸裸的說：

第十二章　日薪五美元工作制

「日薪五美元制的做法會永遠破壞『下層階級』的馴服和滿足！……如果一個男人娶了一個每週要買兩件以上花布衣服的女人，那麼這個女人一定是一個不正派的女人！」

但是無論如何，福特推出的日薪五美元制讓福特公司網羅到了來自世界各地最優秀的工人。一九一四年的一項調查顯示，福特公司的工人僅有百分之二十九出生於美國，其他百分之七十一的員工來自於二十二個不同的國家。

在高薪水的誘惑下，工人們的工作積極性空前高漲。他們拚命工作，以跟上高速轉動的傳送帶。一時之間，福特公司的工人團隊變更率降低了百分之九十，每天無故曠工的工人比重也從原先的百分之十下降到百分之三。

很快，福特就發現，他不但沒有因為支付給工人較高的薪水而遭受任何損失，反而大賺了一筆，因為生產效率大大提升了。他曾洋洋得意的對庫恩斯說：

「日薪五美元制是降低生產成本最好的方法。」

隨著福特公司不斷發展壯大，福特的固執也漸漸演化成為一種專制。隨後，他開始在「水晶宮」建立家長制的專制王國。他對庫恩斯說：

「賺五美元的薪水，就要有五美元薪水的紀律。」

對那些不遵守公司制度的員工，福特會毫不猶豫的將他們趕出去。就在新的薪水制度實施的當月，就有九百名希臘籍和俄羅斯籍員工因為「擅自離開工作職位」而被解僱。

除此之外，福特還專門設立了「福特社會學部」，走進工人的家庭，向他們宣傳「節儉」、「虔誠」等優良品德。對那些酗酒、打罵妻子、不撫養兒女或有其他品行不端表現的工人，福特首先會嚴詞勸誡。如果他們仍然不知悔改的話，等待他們的只有一條路——離開工廠。

福特還透過他的社會學部調查員勸誡工人的妻子學會理財，將當月用不完的錢存到銀行。他的這一舉措果然起到了十分重要的作用。日薪五美元制實行一段時間之後，福特公司工人的聚居區貧苦戶從百分之二十，一下子降到了百分之二，工人家庭在銀行的人均存款額也從一百九十六美元增加到七百五十美元。

福特公司的工人和他們的家庭也悄然發生了變化。原本，工人們都習慣於在脖子上搭一條毛巾；漸漸的，毛巾被潔白的領子取代了。原本，每天中午到「水晶宮」為丈夫送飯的妻子們習慣於用一條布巾包著頭；但是很快，她們頭上的布巾便變成了漂亮的帽子；漸漸的，她們的衣服也跟著漂亮起來了。每到星期天，一些工人也開始像富人一樣，帶著妻子、兒女到郊外遊玩去了。

不少富裕起來的工人甚至擁有了自己的「T」型車。一名黑人女工克麗絲就有一輛

第十二章　日薪五美元工作制

自己的「T」型車。她曾對記者說：

「每到週末，我就開著它到城外探親訪友，到處遊逛，那感覺真是好極了！」

一時之間，成為福特公司的員工變成了一件令人驕傲的事情。即使下班之後或在節慶假日，不少工人也將福特公司的胸卡掛在胸前。那些渴望進入福特公司的工人們則盯著他們的胸卡，向他們投去羨慕的目光。

新聞界也理所當然的注意到了工人們的變化。《底特律新聞報》上就曾登載了這一幅漫畫：一名福特工人身著皮夾克，衣袋裡露出鈔票，眼睛盯著標有「高級商品」字樣的貨架。

亨利．福特也自然而然的成為美國的民族英雄。在實行日薪五美元制之前，福特不過是底特律新興的汽車貴族，而日薪五美元制則讓他和他的家族成為美國社會的一個神話。從此，福特及其家族的一舉一動都成了新聞界關注的焦點。

第十三章　「和平之船」行動

一旦你有了某個好的想法，就一定要集中精力把它實現，而不是到處閒逛，一路空想。一次一個想法就足夠了。

——亨利．福特

第十三章　「和平之船」行動

（一）

就在日薪五美元制為福特帶來榮譽之時，歐洲大陸上發生了一件在大部分人意料之中，卻依然讓世界為之震驚的事情——第一次世界大戰爆發了。

一九一四年六月二十八日上午九點，波士尼亞青年普林西普在塞拉耶佛刺殺了主張吞併塞爾維亞的奧匈帝國皇儲斐迪南大公夫婦。七月二十八日，奧匈帝國對塞爾維亞宣戰，打響了第一次世界大戰的第一槍。

從表面上看，第一次界大戰的爆發是由塞拉耶佛事件引起的。其實不然，這場戰爭爆發的真正原因是帝國主義之間矛盾累積的必然結果。站在塞爾維亞背後的是強大的俄羅斯帝國和法國。英國雖然沒有公開表示要支援塞爾維亞，但是也在私下裡鼓勵俄國積極備戰。

八月一日，德國正式向沙俄宣戰。八月三日，德國又向其西部的鄰國法國宣戰。次日，德國又出兵中立國比利時，驅逐該國境內的法軍。比利時被迫對德國宣戰。英國考慮到比利時對自己國土安全的重要性，遂於當晚十一點向德國宣戰。至此，一場席捲世界，主要在歐洲進行的世界大戰全面爆發了。

雖然戰爭如火如荼的進行著，但是由於戰場遠離美國本土，絕大部分美國人根本不關心這場帝國主義之間的爭奪戰。作為社會名人，福特對戰爭的關注雖然較普通民眾稍多，但是他更加關注弱勢族群的生存狀態。應當指出的是，福特是一名成功的商人，也是一名不錯的慈善家。但是和大部分慈善家不同的是，福特並不直接捐款給弱勢族群，而是給他們提供工作機會。他有一個堅定的信念，即「不工作者不得食」。

有一個突出的例子可以說明這一點。福特從來不插手證券交易，他認為證券交易和賭博一樣，都是一種可恥的投機行為。他曾公開宣稱：

「我的財產不是靠證券投機得來的，不是靠賭博摸彩得來的，不是從工作者身上榨取來的，也不是靠投靠政府、巴結政客賺來的，而是靠自己做工，用比旁人多出幾倍的努力和汗水換來的，是靠苦心經營積存下來的，絕沒有來歷不明的錢。」

縱觀福特的一生，人們不難發現，他確實沒有透過任何投機手段來獲得財富。有一次，福特和朋友開玩笑，在底特律街頭摸了一次彩，結果得到了五美分的獎金。他的一位朋友半開玩笑的說：

「這是一種不正當的得利，不能作為純潔的福特財產的一部分，應該投入慈善箱。」

福特立即笑著說：

「你說得對，這骯髒的貨幣和我的那些貨幣之間沒有交情。」

第十三章　「和平之船」行動

實行日薪五美元制之後，福特發現，沒能擺脫貧窮的帽子的人大多是殘疾人、智障者或剛剛出獄的犯人。這些弱勢族群往往會被工廠拒之門外，不但是無法自食其力，還給家庭和社會帶來了沉重的負擔。福特立即派人對「水晶宮」的自動生產流水線進行了一次調查，看有沒有適合殘疾人、智障者的工作。

調查發現，福特公司的工作依照不同的類型可以分為七千八百八十二個工種，其中三千五百九十五個工種無須特殊要求，殘疾人和弱智者亦可勝任。如果再進一步區分的話，這些工種中有七百一十五項可以由一隻手的工人完成，有二千六百三十七個工種可以由一隻腳的工人操作，有十個工種可以由盲人去做，還有兩個工種可以由失去雙手的人去做。

有了這份調查結果之後，福特開始大膽的僱用那些被社會遺棄、被家庭厭惡的人到「水晶宮」工作。他經常驅車行駛在底持律的大街上，見到露宿街頭的乞丐、流浪者或殘疾人，便會鑽出汽車，和氣的問他們是否願意到他的工廠做工。

如果這些乞丐、流浪者或殘疾人點頭同意，福特便會讓他們登上自己的汽車，帶他們到自己的工廠，將他們交給人事課的職員。然後，人事課的職員再根據每個人的特殊情況，將他們分配到合適的工作職位上。據統計，福特公司先後僱用了一百二十三名只有一隻手的工人，一名兩手全無的工人，四名弱視者，兩百零七名只有一隻眼睛的人，二百五十三名盲人，三十七名聾啞人，六十七名癲痫病人，二百三十四名跛足者和四名失去了雙腳或雙腿的人。

除此之外，福特還僱了四百至六百名犯人。他與底特律法院達成一項協定，把其中罪行較輕的一些人保釋出來，到「水晶宮」當工人。出於對福特的感激，這些殘疾人、智障者和犯人自然是拚命工作，為福特牟利。而福特對這些特殊的工作者則一視同仁，只要他們能夠勝任他們負責的工作，就可以和其他工人一樣得到五美元的薪水。

(二)

在福特致力於救助殘疾人等弱勢族群之時，慘絕人寰的第一次世界大戰卻不斷升級，嚴重威脅到了美國的國防安全。當時，美國政界就是否要介入戰爭還進行了一場曠日持久的爭論。時任美國總統的威爾遜（Thomas Woodrow Wilson）和助理海軍部長羅斯福等人堅決認為，為了保障美國的國家安全，盡早結束戰爭，美國應該派遠征軍赴歐洲參戰。

不過，美國大部分民眾都無法理解威爾遜的國際主義政策，堅決反對介入第一次世

第十三章　「和平之船」行動

界大戰。作為社會知名人士，福特不但是反對美國介入第一次世界大戰，更反對戰爭本身。一九一五年初，福特公開發表了慷慨激昂的反戰演說。他說：

「我個人認為，『戰爭』這個詞是用穿過每個士兵胸膛的血淋淋的字母拼成的。除了放債人、軍火商和惡棍，沒有人會需要它。……也許，華爾街的那幫人會需要它。」

戰前，福特曾帶著全家到英國旅遊，順便考察了那裡的汽車市場。了解內幕的底特律自由通訊社記者問道：

「福特先生，聽說你和你的家人曾訪問過英國，能談談你這次旅行的感受和對正在進行的戰爭的看法嗎？」

福特回答說：

「是的，眾所周知，本公司早在一九〇三年就向加拿大出口了六十輛汽車，走向了世界市場。我去英國，是想了解福特汽車在那裡的情況，因為我們已經有許多汽車銷往那裡，英國真是一個美麗的國家……。」

福特談了在英國旅行的一些見聞和感受之後，立即將話題轉到戰爭上。他大聲疾呼：

「我堅決反對戰爭。我寧願把自己的工廠化為灰燼，也不願讓它為戰爭服務。我將為美國民間發起的『世界和平運動』提供一百萬美元的資金。」

沉默了半晌，福特又提高了聲音，一字一句的說：

「如果能阻止戰爭，能防止軍國主義的瘟疫，我寧願獻出我所擁有的一切。」

福特的這些話並不是說說而已，他真的是這樣做的。一九一五年九月，一向對各種名目的捐獻活動持反對意見的福特居然一反常態的向底特律富裕階層發出倡議，號召大家慷慨解囊，建立反戰基金。他還建議政府鼓勵生產各種農用機械，反對增加軍費支出。緊接著，他又宣布把五千台農用機械拖車運往英國，以救濟陷入危機的英國農業。

十月，英國的巴爾福勳爵前來美國訪問，尋求美國政府對協約國的支持。美國民間立即掀起了一股轟轟烈烈的反戰活動。福特也指示他手下的工作人員，在向顧客出售福特汽車時，隨車向顧客贈送一份由公司主辦的《福特時報》。

在這份報紙上，福特登載了大量的反戰言論和文章，特別是對美國準備向英國和法國提供戰爭貸款和物資進行了猛烈的抨擊。他甚至在反戰文章中喊出了「巴爾福滾蛋」的口號。

福特此舉立即引起了庫恩斯的恐慌。當時，庫恩斯的一個兒子剛剛因病去世，庫恩斯已被喪子之痛折磨得精神恍惚了。當他發現福特贈送給顧客的《福特時報》時，立即

第十三章　「和平之船」行動

來到了福特的辦公室。

庫恩斯把一份《福特時報》重重放在福特的辦公桌上，冷冷的說：

「你不能發表這樣的言論！」

福特用眼角掃了一眼桌上的報紙，打了個哈欠，懶洋洋的問：

「何以見得呢？」

庫恩斯漲紅著臉，大聲說：

「道理很簡單，那只是你個人和其他一小部分人的觀點，不能代表整個公司。作為一家獲利性的企業，最好少去介入政治上的事情。而且種種跡象顯示，我們的國家遲早會介入這場戰爭的，到那時公司怎麼辦？你怎麼辦？」

福特滿不在乎的說：

「可是我已經決定了。」

庫恩斯堅定的說：

「無論如何，你都不能這樣做。剛才我已經告訴銷售人員，讓他們把宣傳品撤掉。」

福特從沙發裡站了起來，兩眼死死盯住自己的老搭檔，大聲喊道：

「你憑什麼在這裡發號施令？是誰給你的權力？」

一向冷靜嚴肅的庫恩斯並沒有福特的怒吼嚇倒，他聳了聳肩，回答說：

「如果你堅持按自己的方法去做，那麼我只有辭職！」

福特怒氣沖沖的說：

「好吧，我同意你的辭職。」

就這樣，兩個合作了長達十二年之久的夥伴就此分手了。一九一五年十月十三日，公司董事會通過了庫恩斯辭去福特公司副董事長兼財務主管職位的請求。然而，庫恩斯並未放棄或出售自己的股份，他仍是公司僅次於福特的第二大股東，握有公司百分之十一的股份並保留了董事席位。

（三）

管理天才庫恩斯的離開對整個福特公司來說是一個沉重的打擊。在公司裡，庫恩斯是唯一一個能讓福特產生敬畏之情的人。有他在，權力欲日漸膨脹的福特便不會肆意妄為。當然，庫恩斯的存在也讓福特感受到了某種威脅。如今，庫恩斯離開了，福特感到了前所未有的輕鬆。

公司的另一位股東——道奇兄弟的存在也讓福特感到不快。在福特的眼裡，坐享其成的股東都是公司的寄生蟲或吸血鬼，道奇兄弟便是典型的代表。

早在一九一三年，約翰．道奇就退出了福特汽車公司的董事會。和福特同樣擁有雄心壯志的道奇兄弟並不僅僅滿足於做福特公司的零零件供應商，更何況福特已經表現出了想在零零件供應上實現自給自足的傾向。於是，道奇兄弟便離開了福特公司，並於一九一四年七月在密西根州成立了道奇汽車公司。不過，他們仍然保留福特汽車公司的股份。每到年底時，他們依然心安理得的接受分紅，並用得到的紅利去發展自己的公司。

對此，福特早就憋了一肚子氣，只不過他覺得與道奇兄弟撕破臉的時機尚未成熟罷了。因為道奇兄弟不但是他的競爭對手，還阻礙了他實現人生的另一個夢想。

當時，福特公司的年產量已經膨脹到三十萬輛，但是雄心勃勃的福特依然不滿足。早在一九一五年七月份，福特便帶著公司的高級管理人員來到位於魯日河畔的一塊農田，打算在那裡建造一座超大規模的夢幻工廠，發展冶金、煤炭、汽車製造、造船、運輸等各項事業。很明顯，福特已經不再滿足於僅僅擁有福特汽車王國了，他想擁有自己的鐵礦、煤礦、森林、工廠、運輸船隊等，建立一個屬於他個人、也屬於福特家族的龐大的經濟帝國。

想要實現這一宏偉目標，必須有巨額資金的支持，而福特個人的薪水和股份分紅根本不足以應付。因此，他把目光盯到公司的純利潤上。正因為如此，緊盯著年終分紅的股東們，尤其道奇兄弟堅決反對福特提出的方案。在庫恩斯離開公司之後，福特便開始著手對付道奇兄弟了。

十一月二十三日，美國總統威爾遜在白宮接見了福特，以顯示他對福特所致力的「和平主義事業」的關心。見面之後，威爾遜總統故作感慨的說：

「當戰火在歐洲燃起時，我們這些遠在美洲大陸的人心中真是非常難過，因為有人在跑火中喪生，我們卻愛莫能助……。為了能讓我的心靈獲得一絲安慰，我決定從此我每天仔細閱讀一章《聖經》，並把這個做法一直持續到戰爭結束。」

福特連連點頭，回答說：

「總統先生的這個習慣真值得讚揚。回到底特律後，我也每天閱讀一章《聖經》。」

威爾遜總統大笑道：

「好極了，那我們就一言為定了！」

接著，福特向威爾遜提出了一個出人意料的邀請。他說，他已經租下了「奧斯卡二號」遊輪，準備邀請包括美國總統威爾遜在內的政界和商界的人士乘坐這條「和平之船」

駛往歐洲，前去那些「已對戰爭感到厭煩的國家」進行調解，以促使戰爭盡快結束。

威爾遜被福特的這個邀請嚇了一跳，支吾了幾句，便將話題轉移到其他方面。福特見威爾遜不願陪伴自己前往歐洲戰場，微笑著搖了搖頭，便作罷了。不過，他已經打定主意，無論如何都要將「和平之船」行動進行到底。

(四)

一九一五年十二月十四日，「和平之船」終於起錨了。但是令福特大感意外的是，他向政界要人和商界鉅子發了一百多張請柬，卻沒有一個人回應。連福特的兩個最好的朋友——湯瑪斯．愛迪生和博物學家約翰．巴勒斯也沒有登上這條船。愛迪生以「事務繁忙」為藉口拒絕了福特的邀請，巴勒斯則乾脆的告訴他說：

「和平沒有希望，去了也是徒勞。」

「和平之船」起錨的那天，碼頭上聚集了一萬五千名民眾，但是卻沒有一個政府官員。明眼人一看便知，福特的努力是徒勞的，美國遲早會被捲入戰爭當中。

「和平之船」緩緩駛離碼頭，克拉拉站在人群中傷心的哭泣著。二十二歲的埃德索爾則站在母親的旁邊，緊緊的攬著她的肩膀。戰爭年代，在海上航行是一件非常危險的事情，誰也無法保證參戰雙方投放的漂流水雷、或潛行海底的潛水艇不會誤傷中立國的船隻。

克拉拉曾勸說福特不要去歐洲，但是福特一意孤行，絲毫不聽勸告。他對克拉拉說：

「放心吧，親愛的，我會回來的。」

輪船駛離碼頭幾十公尺後，站在甲板上的福特突然對前來送行的愛迪生大聲喊道：

「如果你願意上來，我願意提供一百萬美元的贊助！」

耳背的愛迪生只看到福特在用力揮手，卻沒有聽見他在說什麼。後來，有人猜測說，如果愛迪生聽見了福特的話，他或許會在最後一刻改變主意，登上「和平之船」趕往歐洲。

「和平之船」上共有一百一十八名乘客，其中的五十多名「和平使者」幾乎全部是普通的牧師和大學教師。平日裡，他們難得到歐洲大陸旅行。既然福特願意贊助這次行動，他們自然樂意接受這次免費旅行的機會。除了「和平使者」之外，餘下的人基本上都是記者。

「和平之船」起錨沒多久便遇到了危險，但是出人意料的是，危險並不是來自外部，

第十三章　「和平之船」行動

而是來自「和平使者」內部。由於政治派別不同，「和平使者」迅速分成兩派，並在甲板上爆發了衝突，鬧得不可開交。福特再三勸說也無濟於事，只好苦笑著躲到艙裡。

衝突過後，福特來到一片狼藉的甲板。他依船舷而站，靜靜的望著波濤洶湧的大海，內心也波瀾起伏。忽然，一個大浪打來，福特來不及躲閃，渾身都濕透了。這位五十二歲的老人急忙衝進船艙，換了一身乾爽的衣服，但是冰冷的海水依然讓他患上了重感冒。當「和平之船」於十二月十八日抵達挪威之時，福特已經躺在床上病得起不來了。隨從人員只好把他抬下船，安置在一家旅館裡。

正當福特昏昏沉沉的躲在旅館的房間裡休息時，前來採訪他的記者又帶來了兩個不幸的消息。他們先告訴福特，一位「和平之船」的發起人在旅途中得了肺炎，經搶救無效而一命嗚呼了。福特沉默了半晌，掉了幾滴眼淚，緩緩說道：

「無論如何，我們都要把這次行動進行到底。」

但是當記者宣布第二個壞消息時，福特和他身邊的隨從人員有些坐不住了。由於戰場上堆滿了屍體，老鼠和跳蚤橫行，歐洲大陸爆發了大規模的瘧疾，很多士兵和平民因為染上這種可怕的傳染病而死去了。受克拉拉委託保護福特安全的馬奎斯牧師和保鑣戴林格商議說：

「如果不採取斷然措施，那麼福特先生的這條命就保不住了。」

可福特卻固執的說：

「我絕不回去，你們就讓我留在歐洲，大不了我早一點去見我母親就是了。」

「和平使者」們也不願福特這位「和平之船」的中心人物離開歐洲，聞訊趕來阻止馬奎斯和戴林格的行動。身手敏捷的戴林格不管三七二十一，叫人抬起擔架，衝破了堵在旅館門前的團隊，將福特塞進了汽車。

不久之後，福特便躺在了紐約的一家飯店裡。隨他一同前往歐洲的「和平使者」們隨即也因群龍無首而各自離開了。

「和平之船」行動失敗了，福特的精神遭受了一次沉重的打擊。他常常一個人坐在花園裡發呆，偶爾翻弄一本藍色封面的小冊子，那裡面內容只有他自己知道。他還命令僕人在家中的每一個房間都放一本《聖經》，每天抽空閱讀一章，直到戰爭結束。這是他與威爾遜總統的約定。

第十三章　「和平之船」行動

第十四章　父子合力擊潰對手

當你在浪費時間的時候，大多數人已跑到前面去了。

——亨利·福特

第十四章　父子合力擊潰對手

(一)

「和平之船」雖然失敗了，但是鎩羽而歸的福特再次成為新聞界關注的焦點人物。諷刺者有之，同情者有之，讚揚者亦有之。諷刺者在報紙上刊登了這樣一幅漫畫：一身堂吉訶德式打扮的亨利．福特站在「和平之船」上，向標有「戰爭」字樣的風車巨人發起攻擊。中下階層對福特的失敗則持讚揚和同情態度。他們認為，福特的行為雖然很幼稚，充滿了理想主義的色彩，但是遠遠強過那些只說不做、花言巧語的政客。

在媒體的喧嚣吵鬧之中，福特很快了解到自己在大眾中無可比擬的影響和地位。這一發現進一步強化了潛藏在他心中的表現欲和權力欲。看著一天天長大的埃德索爾，福特產生了完全控制福特公司的念頭。他認為，用自己的姓氏命名的公司應該完全屬於他和他的家人。早在「和平之船」出發之前，福特就在這方面邁出了引人注目的一步。

一九一五年十一月，福特成立了專門開發生產農用曳引機的「福特父子公司」。在慶祝儀式上，福特對來賓和新聞界發表演講時強調，這家新成立的公司完全屬於他和他的家族，與原來的公司毫無關係。他甚至洋洋得意的說：

「我們新成立的這家公司沒有股東、沒有董事、也沒有無所事事的工廠主。一句話，這裡沒有寄生蟲，有的只是生產者。」

福特的這段話矛頭所向，盡人皆知。「和平之船」行動結束後，福特便開始默默策劃對付道奇兄弟的辦法。一九一六年十月，福特突然宣布，福特公司要擴大生產規模，建立超大型的新生產基地。為此，公司必須將一九一五年高達六千萬美元的紅利限制在一百二十萬美元之內，以籌措建設新專案的資金。

道奇兄弟被福特的突然襲擊弄得不知所措。但是這對精明的兄弟很快便鎮定下來，拉攏了幾個股東，對福特展開反擊。一時之間，福特公司的董事會議簡直成了超級市場，吵吵鬧鬧，好不熱鬧。道奇兄弟聲稱，如果福特一定要將紅利限制一百二十萬美元之內的話，他們便要求福特以三千五百萬美元的價格買下他們的股份。

福特愣了一下，繼而大笑道：

「開玩笑！三千五百萬美元，簡直是打劫！你們當初不過向公司投了一萬美元，現在居然想要三千五百萬！」

道奇兄弟似乎根本沒有聽到福特在說什麼，一直堅持他們的意見。福特不屑一顧的說：

「恐怕我要提醒道奇先生，我在公司已經有了百分之五十一的股權，再多幾股對我來說又有什麼意義呢？我根本不會購買你的股份。」

第十四章　父子合力擊潰對手

道奇兄弟氣壞了，立即宣布要以法律途徑解決與福特的糾紛。十一月二日，底特律各大報紙均在頭版頭條位置刊登了一個驚人的消息：道奇兄弟準備起訴亨利．福特。

正當法院受理這件訴訟案之時，國際環境又發生了驚人的變化。一九一七年二月三日，美國正式斷絕了與德國的外交關係，準備加入協約國，派遠征軍赴歐洲大陸對德作戰。

（二）

具有諷刺意味的是，曾經極力反對戰爭的福特於一九一七年二月中旬來到美國海軍部，求見助理海軍部長佛蘭克林．羅斯福。因患小兒痲痺症而坐在輪椅上的助理部長當時只有三十五歲，看上去英勇威武、蓄勢待發。

雙方寒暄過後，福特便開門見山的道明來意。他鄭重的說：

「為了盡早實現和平，我願意讓我所有的工廠為戰爭服務，我願意為我們的戰士製造坦克、飛機和一切可能製造的武器。」

羅斯福驚訝的看了看曾經宣稱「寧願把工廠化為灰燼也不為戰爭服務」的福特，半天沒說出一句話。福特見狀，忙道：

「在我們的國家被迫捲入戰爭的時候，我首先是一個愛國者。」

羅斯福會意的笑了起來。隨即，兩人便開始就如何生產更多、更好的武器展開了討論。福特滔滔不絕的向羅斯福介紹著他在製造武器方面的設想。這位出身機械工程師的企業家似乎又回到了青年時代，思如泉湧、妙招連連。羅斯福顯然被福特的設想和表現出來的熱情所感染了，興趣十足的與福特談起了合作事宜。

一九一七年四月，美國正式向德國等同盟國宣戰。隨著戰爭的爆發，美國本土的絕大部分工廠都被納入戰時生產軌道。作為美國著名的汽車製造商，福特公司也自然而然的接到了包括數以千計的卡車、救護車等各種軍用汽車、引擎，乃至彈藥和鋼盔的訂貨。差不多每接受一筆生意或生產出一批產品，福特就會向媒體宣布，他絕不會從戰爭中賺一分錢，要在戰後把所有軍事訂貨帶來的利潤還給政府。

福特此舉不但是為他贏得了很大的聲譽，也給福特公司帶來了更大的訂單。西元一九一八年三月，福特汽車公司與美國政府簽訂了一筆數額龐大的契約。美國政府授權福特汽車為美國海軍生產一種海軍部工程師設計的最新型的反潛驅逐艦——「鷹」。作為回報，美國政府出資三千五百萬美元資助福特在迪爾本的魯日河畔建設新的廠房和艦艇生產線。

第十四章　父子合力擊潰對手

福特在魯日河畔建立福特家族經濟帝國的夢想終於實現了。不久，新的廠房和生產線就建成了。福特公司的工人們高喊著「一天一隻鷹，打敗德皇兵」的口號投入到緊張的工作當中。

但是令人詫異的是，到一九一八年十一月十一日戰爭結束時，海軍部向福特訂購的一百一十二艘艦艇只有一艘在部隊裡服役。最後，這筆交易以福特向軍方交付六十艘艦艇而宣告結束。更令人詫異的是，福特並沒有向政府返還軍事訂貨的利潤。

與此同時，福特公司卻在大造輿論，宣傳福特並沒有在戰爭中大發戰爭財，福特是一個不賺血腥錢的愛國商人。當時，甚至有人捏造事實，說福特向政府返還了二千九百萬美元軍事訂貨的利潤。此事一經媒體曝光，美國財政部立即亂作一團，從部長到普通職員到處查這筆鉅款的下落。到最後，財政部長不得不在媒體上宣布，他們一分錢也沒查到。

一經媒體報導，輿論一片譁然，而福特卻保持了沉默。直到一九二三年，迫於輿論界的壓力，福特才出面解釋說：

「要準確的估算出這筆錢的數額難度太大，正在進行審計，一旦清算完畢，馬上歸還。」

最後，福特的承諾並沒有兌現，美國政府始終沒有收到福特退回來的一分錢。至於福特公司在第一次世界大戰中究竟賺多少錢，則眾說紛紜。福特公司宣稱純利潤「不到一百萬元」；而不少經濟學家認為，在美國參加戰爭的十八個月中，福特公司所生產的軍用和民用產品的總利潤約為七千八百萬美元，其中軍用品的利潤應該在三千萬美元左右。

福特的這一行為讓人很難理解。然而，這只不過是他在晚年時期把金錢看得越來越重，而自己也變得越來越專制的表現之一罷了。

(三)

戰爭結束後，福特又開始集中精力對付道奇兄弟了。其實，福特在戰爭時期並沒有放鬆對道奇兄弟等股東的排擠。為了向道奇兄弟施加壓力，他拒絕收購股東們手中的股票，並且以限制分配紅利的方式向其他膽敢購買福特公司股份的「膽大妄為」者提出了警告。

然而，在一個法制健全的國家裡，一個人無論擁有多少財富都無法做到為所欲為。一九一九年二月七日，最高法院對福特與公司股東之間的糾紛作出了最終裁決：福特限

第十四章　父子合力擊潰對手

制分配紅利的做法是違法的，在法律面前站不住腳。最高法院還根據公司向法庭提供的一九一六年財務報表判定福特應付清股東一千九百多萬美元的紅利和一百五十萬美元的利息。

最高法院作出裁定之後，福特公司的股東們一片歡騰，甚至有些洋洋得意。然而，福特卻在此時突然宣布辭去公司總裁的職務，而且還準備另起爐灶。這下股東們又慌亂起來。如果福特再創辦一家汽車公司，福特汽車公司勢必會遭到強有力的挑戰。因此在召開的董事會上，股東們拚命挽留福特，希望他慎重考慮辭職一事。但是福特已經打定主意，想用辭職的方式迫使股東們賣出手中的股份。

最終，福特如願以償的辭去了公司總裁的職務，但是同時保留在公司董事會的位置。隨後，股東們一致選舉福特的兒子埃德索爾為新的總裁。

其實，所有的這一切都在福特的預料之中。早在一九一三年二十歲的埃德索爾中學畢業之時，福特便為他選定了職業發展之路。當時，年輕的埃德索爾想進入大學繼續深造，但是福特卻希望兒子在合適的時候繼承福特家族的經濟帝國。

會議剛剛結束，五十六歲的福特便帶著妻子克拉拉前往美麗的加州海岸度假去了。他似乎想製造這樣一種假像：他真的準備把權力交給兒子，從此寄情於山水之間了。新聞界也被福特公司這一突如其來的變故弄得不知所措，汽車行業的大亨們也沒有弄清究竟是怎麼回事。

正當眾人陷入一片恐慌之時，福特又在加州宣布，他準備組建一家新公司，專門生產新一代的大眾汽車，價格僅為「T」型車的一半，但是性能卻更加優越。

此消息一出，「T」型車的銷量急劇下降。那些準備購買汽車的人紛紛取消了購車計畫，等著購買福特即將推出的新一代大眾汽車。

道奇兄弟等股東們開始著急了。他們無論如何也沒想到福特會在關鍵時刻使出這樣一個殺手鐧。他們不禁開始為福特汽車公司的前景擔憂起來。

就在這個時候，一些神祕的經紀人開始出現在這些股東周圍，問他們是否願意出售手中持有的股份。在福特公司前景一片黯淡之時，道奇兄弟等股東自然巴不得立即將他們手中的股份的早點出手，以便賣個好價錢。就這樣，他們甚至沒想躲在那些經紀人背後的大亨到底是誰，就與他們達成了交易。

道奇兄弟的股份售價兩千五百萬美元；約翰．安德森持有的股份為道奇兄弟的一半，賣了一千兩百五十萬美元；約翰．格雷的後人持有的股份較多，得到了兩千六百二十五萬；賀瑞斯．拉克姆也得到了一千兩百五十萬美元；庫恩斯出售股份的價格較高，得到了二千九百三十萬九千美元。在公司成立之初，庫恩斯的兒子羅西塔將自己的一百美元零花錢也投入進來。幾年之間，他不但是分到了九萬五千美元的紅利，出售的股份還使他獲利二十六萬兩千美元。

（四）

令眾人沒有想到的是，福特根本無意另外組建一家新公司。他之所以這樣做，目的就是要拉低公司的股價，以便與埃德索爾相互配合，以較低的價格將非福特家族成員持有的股份全部買下。那個站在經紀人背後的大亨就是亨利·福特和他的兒子埃德索爾·福特。

收購完成之後，福特在加州的一家豪華酒店裡給埃德索爾打了一個電話。他穿著淺灰色的西裝，頭髮梳得一絲不亂，洋洋得意的說：

「埃德索爾，這次你做得棒極了！」

說著，福特坐在沙發上，靜靜的聽著埃德索爾向他匯報收購的具體細節。過了一會兒，福特突然說：

「就屬庫恩斯這個傢伙滑頭，給他的股價在所有的股東當中是最高的。」

放下電話之後，福特從沙發上站起來，順手打開留聲機，拉著正在研究編製技術的克拉拉跳起歡快的舞蹈。他一邊跳，一邊洋洋得意的對妻子說：

「如果馬爾康森知道這次收購股權的結果，一定會懊悔死了！」

十三年前，馬爾康森以十七萬五千美元將自己持有的股份全部賣給了福特。如果等到今天的話，馬爾康森的股份將價值六千四百萬美元。

為了獎勵埃德索爾「掌舵」公司之後的初次勝利，福特宣布將公司百分之四十二的股權給他，百分之三的股權分給妻子克拉拉，其餘的百分之五十五則留給自己。就這樣，福特一家三口完全控制了如日中天的福特汽車公司。緊接著，福特又向新聞界宣布：

「在目前的情況下，另起爐灶設立新的公司已經完全沒有必要了。」

福特和兒子埃德索爾導演了一出騙局，不但是欺騙了道奇兄弟等股東，也欺騙了數以萬計善良的民眾。一家報紙曾發表署名文章，指責福特是「美國最大的暴君」。當時，石油大王洛克菲勒也不過只擁有自己公司百分之二十八的股權。但是即便如此，美國民眾依然指責他專制、壟斷……！與福特相比，洛克菲勒的事情簡直不值一提。

完全掌握公司之後，福特的權利欲和表現欲更加膨脹。公司的宣傳部門得到一份指

第十四章　父子合力擊潰對手

示：今後公司向外發布的新聞稿只能提到亨利．福特，除此之外，不能再出現其他任何人的名字。如果確實需要出現包括埃德索爾在內的高層管理者的名字，必須經特別批准方可實施。這份指示沒有說應該得到誰的批准，但是批准人是誰簡直不言而喻。

漸漸的，福特公司對外宣傳時，稿子的開頭必須冠上「在福特先生的天才指引下」這句令人生厭的恭維。有時甚至連福特公司設在密西根州的農場生產大豆獲得了好收成，設在巴西的橡膠園品質提高了，或福特的醫院用丹寧酸為燒傷病人治療等，前面都會冠上「在福特先生的天才指引下」的字樣。

福特的脾氣也變得越來越壞。有一次，一位來自外地分公司的銷售經理在向他匯報工作時，就產品的一些缺陷提出了意見，並認為如果不改進會影響產品的銷路，福特毫不客氣的打斷他的話，大聲斥責道：

「出去！我不想跟悲觀主義者談話，我想另外找一個樂觀的人進來聽聽他的意見。」

福特的這種變化導致的最直接後果就是令公司中勇於直言相諫的人越來越少，而以花言巧語騙得高位的人越來越多。在這種情況下，福特公司也就自然而然的走上了下坡路。

第十五章　走向專制的「暴君」

不能提升人民福利層次的工業體制是失敗的！如此失敗的工業體制對社會又會有何利益呢？

——亨利．福特

第十五章　走向專制的「暴君」

（一）

如果說福特的專制是導致福特公司走向衰落的主要原因，大眾和輿論對福特的抨擊則加速了福特公司的衰落進程。在擊敗道奇兄弟等股東沒多久，福特就因為不當言論再次被輿論攻擊了。

一九一六年六月，美國與墨西哥爆發了小規模的武裝衝突。時任美國總統威爾遜立即下令調集國民警衛隊開赴美、墨邊境地區，以加強該地區的軍事力量。六月十二日，《芝加哥論壇報》的記者就此事採訪了福特汽車公司的新聞發言人。這個頭腦過於簡單、反戰熱情高漲的發言人根本沒有弄清楚事情的來龍去脈，為了顯示福特公司鮮明的反戰態度，竟然武斷的對記者說：

「凡是參加國民警衛隊的公司職員都不適合在公司裡繼續任職。」

不久，亨利．福特也發表了類似的言論，結果福特的不當言論立即引起了輿論的強烈抨擊。《芝加哥論壇報》就發表了一篇題為《微型愛國主義》的社論，責罵福特說：

「國家保護著他的財產，而他卻是個典型的無政府主義者，是國家的敵人，不懂得政府的基本準則……。」

福特非但沒有從這篇社論中吸取教訓，反而以誹謗罪正式起訴《芝加哥論壇報》，要求該報賠償他一百萬美元的名譽損失費。多年以來，福特與新聞界的關係一直都比較好。從製造出第一輛汽車到成為聞名全國的賽車手，再到成為著名企業家，直至後來「T」型車和日薪五美元制的出現，乃至「和平之船」事件，媒體都將福特作為正面人物進行宣傳。正是因為有這些宣傳，福特才在美國民眾中間樹立了樸素、誠懇、勤奮、腳踏實的的形象。人們普遍認為，他是一個經常有著天真想法的理想主義者、一個靠自己的努力不懈奮鬥的成功者、一個開明的企業家和社會活動家、一個和平主義者和慈善家。

一個人想要樹立正面的形象需要很長的時間，但是要想推倒它卻只需一瞬間。這一次，福特多年樹立的良好形象便在瞬間坍塌了。底特律，乃至整個密西根的新聞界都紛紛將矛頭對準福特，向他發起攻擊。

一九一九年五月，即福特擊敗道奇兄弟三個月之後，法院正式開庭審理了福特狀告《芝加哥論壇報》一案。由於法庭已經進行了兩年的周密準備，《芝加哥論壇報》的律師設計精巧，知識匱乏的福特儘管配備了由六十三個人組成的強大律師團隊，但是仍然毫無懸念的敗下陣來。

在律師盤問過程中，福特窮於應付，被弄得焦頭爛額，甚至鬧出不少笑話來。而最

第十五章　走向專制的「暴君」

後的判決結果更加讓福特感覺自己受到了侮辱。陪審團經過十個小時的合議後，終於做出判決：亨利．福特指控《芝加哥論壇報》誹謗中傷福特名譽的罪名成立，該報必須向福特賠償名譽損失費六美分，並負擔審理此案的費用；駁回控方提出的必須賠償一百萬美元名譽損失費的要求。

聽到這樣一個結果，旁聽席上頓時笑作一團，而福特則哭喪著臉，在隨從的陪同下喪氣的離開了法庭。

這一判決結果對福特來說是個沉重的打擊。表面上看，他是獲得了勝利；但是在大眾面前，他卻完全失敗了。

但是福特不甘心失敗，他認為自己失敗的原因主要在於無法有效的控制輿論的走向。回到家之後，他憤憤不平的對妻子說：

「我以後再也不想受這份罪了。這次判決的結果簡直是對我的侮辱，我會對社會進行報復的，讓他們等著吧！」

與《芝加哥論壇報》的糾紛結束之後，福特變得更加極端了。他像一個真正的「獨裁者」一樣，大幅度的加強身邊的警衛人員和祕書的數量，進一步拉大自己與普通民眾和工人之間的距離。

除此之外，福特還僱了一批精於筆墨的文人，負責翻譯、宣傳等工作。他迫切的希望在大眾中間重新塑造高大的形象。善於阿諛奉承的「御用文人」們拚命的替汽車大王粉飾。他們不但是在福特創辦的幾家報紙上發表大量吹捧福特的評論，還為福特跑製了四本「自傳」。每天讀著這些奉承之詞，福特得意極了。他想，如果再與新聞界開戰的話，輿論再也不會出現一面倒的局面了。

（二）

漸漸的，福特公司內部出現了一種詭異的氣氛。以往輕鬆愉快的合作氣氛不見了，取而代之的是人人自危、沉悶枯燥的氛圍。工人們想著早日離開福特公司，大部分忠誠的高級管理也轉變了工作態度，他們不再對福特直言相諫，而是小心謹慎，盡力自保。一位工程師在接受記者採訪時，一開口便叮囑記者不要透露他的身分。記者答應之後，他才憤憤不平的說說：

「在整個『水晶宮』裡，恐怕只有螞蟻才能逃得過福特的怒火。」

在人事安排上，福特也一改過去任人唯賢的作風，將那些善於阿諛奉承的人扶植成為「福特王國」中的「暴發戶」，其中最典型的代表就是索倫森和萊布林。索倫森曾幫

第十五章　走向專制的「暴君」

助福特在馬爾康森的眼皮子底下建起了祕密實驗室，也曾幫助福特在「水晶宮」創造了自動生產流水線，可謂功績卓著。但是他充其量也只能擔任一個高級技術人員，並不適合在高級管理的職位上工作。

而剛愎自用的福特並不這樣認為。由於對福特絕對忠誠，索倫森在公司的地位飛速提高。曾有人諷刺索倫森說：

「如果福特說應該把地球打穿，以便使兩個半球間的交通更加方便的話，那麼索倫森馬上就會按照福特所說的，找人在福特剛才所站的地面一直挖下去，直到把地球挖穿或福特本人前來阻止為止。」

索倫森本來就是一個脾氣暴戾之人。隨著職務的升遷，他的性格缺陷也表現得越來越明顯。人們經常可以看見他驅車在廠區憤怒的追趕他認為不順眼的工人，或聽到他用那帶有濃重鄉村口音痛罵工人。索倫森的這一行為自然而然的挫傷了工人自尊心，從而降低了生產效率。

奧尼斯特·萊布林是在福特的扶植下跳出來的另一個「暴發戶」。他原本是福特公司裡一個默默無聞小人物，後來庫恩斯發現他頗有才能，便把他提到福特辦公室經理的位子上。庫恩斯離開之後，福特就讓他接替了庫恩斯的角色。

從表面上看，萊布林和庫恩斯非常相像，他們都有矮胖的身材和一張沉鬱的臉。但是與庫恩斯不同的是，這位來自德國的移民權力欲十足。據說，即使在家裡，他也會像一個軍官一樣來管理他的八個孩子。吃飯時，孩子們要在他的口令下整齊的走到餐桌旁，然後再等待他下達「坐下」的命令，否則誰也不敢坐下。

在公司裡，萊布林也像庫恩斯一樣總是轉來轉去，用挑剔和懷疑的眼光、生硬的語調和態度應付著每一個人。不同的是，他盡其所能的阻止那些想要接近福特的人靠近福特。這就等於在福特和其他人之間築起了一道無形的牆，而越來越孤僻的福特卻十分欣賞萊布林的這種做法。

與「暴發戶」們崛起相對應的，是福特公司的功臣們被接二連三的清理出公司。第一個遭受厄運的是公司的銷售經理霍金斯。霍金斯曾蹲過監獄，刑滿釋放後被福特聘為銷售人員。多年裡，他經過自己的努力，一步一步登上銷售經理的職位，並為公司創建了一個年銷售能力近一百萬台汽車、員工達一萬多人的高效銷售網路。

令人遺憾的是，當他直言不諱的針對公司的現狀發表自己的觀點時，孤僻的福特產生了將其驅逐出公司的念頭。不久，霍金斯就成為被清理出福特公司的第一個元老。

霍金斯剛剛離開福特汽車公司，杜蘭特立即找到他，將其聘為通用汽車公司的銷售

第十五章　走向專制的「暴君」

經理，年薪十五萬美元。

第二個被驅逐出公司的是跟隨福特福特最久，也是對他、對公司最忠心的哈樂德．威利斯。威利斯是一個設計天才，他不但和福特等人一起設計了「A」型車和後來暢銷全國的「T」型車，還為福特設計了著名的福特標誌。

然而，氣質高雅、風度翩翩的威利斯卻有兩個讓福特無法容忍的缺點：嗜酒和好色。當福特大權在握之際，他便開始懲治威利斯了。他指示公司不給威利斯安排工作，而他自己也遠遠的避開威利斯。最後，威利斯不得不主動提交辭呈。或許是覺得心中有愧，福特讓萊布林交給威利斯一張一百五十萬美元的支票。

威利斯離開後便創辦了一家汽車公司，製造出當時美國最出色的汽車。後來，他又受聘於道奇兄弟的汽車公司，為道奇汽車公司的發展立下了汗馬功勞，也為自己贏得了「天才工程師」的美譽。

威利斯的離開引發了連鎖反應，公司副總裁兼財務主管克林根．史密斯、社會學部部長馬奎斯牧師、主管人事工作的約翰．李、《福特時報》的主編查爾斯斯．布朗諾等人也相繼離開了公司。

在所有離開福特公司的人裡，後來對福特打擊最大，據說也是讓福特唯一後悔不該趕走的一個人是威廉·努森。努森是自動生產流水線的主要發明者和實踐者；他風趣豁達，充滿自信。有一次，他和炙手可熱的索倫森大吵一架。有人悄悄的告訴他說：

「努森先生，你要小心了。」

果然不久，努森就聽到了自己將被解聘的消息。性格倔強的努森不等福特召見自己，就寫好了辭職書，放在福特的辦公桌上後揚長而去。他憤憤不平的說：

「這個世界上沒有人能解僱我，除了我主動辭職。」

這位偉大的機械天才後來受聘於通用汽車公司的雪佛蘭分廠，帶著一批卓越的技術和管理人員創造了雪佛蘭神話，將福特汽車公司從汽車霸主的寶座上拉了下來。

(三)

晚年的福特基本上不再親自管理公司了，而是將日常管理權交給索倫森和萊布林。他自己則像那些才能卓越的獨裁者一樣，遠遠的躲在豪華的宮殿裡，遙控著福特汽車王國的一切。福特那美輪美奐的「王宮」則坐落在迪爾伯恩的魯日河畔。

早在一九一一年，福特就產生了遷回迪爾伯恩的念頭。其實，當時福特位於愛迪生大街的豪華住宅僅僅建成兩年，他為什麼要回到迪爾伯恩去居住呢？是因為賺的錢太

第十五章　走向專制的「暴君」

多，不知道怎麼花？還是想上演一齣衣錦還鄉的戲劇呢？都不是。

在二十世紀初葉，由於工業高速發展，底特律城區已經變得擁擠不堪，汙染和雜訊也十分嚴重。十九世紀末，住在城區的大多是富人。但是到了二十世紀初，情況發生了很大的變化。富人們為躲避無處不在的汙染紛紛遷往郊區，城區反而逐漸演變成為中產階級和窮人居住的場所。

一九一四年，正當新聞界因日薪五美元制的實施為福特大唱讚歌之時，福特便產生了回迪爾伯恩的想法。

此後，包括埃德索爾在內，福特全家便開始物色地皮和合適的建築設計師，準備在迪爾伯恩大興土木。一九一四年十一月，福特家族位於魯日河畔的豪華別墅落成。依據家族在愛爾蘭聚居地的名字，福特給別墅取名為「光明巷」。

「光明巷」共耗資一百多萬美元，建築豪華，守備森嚴，在整個美國，乃至世界都不多見。在所有的設計中，福特還親自設計了一個動力站，裡面安裝兩台大型發電機。動力站建築的外表由白色的大理石和金光閃亮的各種鋼飾構成，高雅華貴，再次體現了福特本人對機械動力的崇拜和讚美。

車庫自然是「光明巷」不可缺少的建築。在龐大的車庫裡停放著十輛汽車，其中有五輛是各種型號的福特車。其他的車則是福特和他的兒子埃德索爾從國外購買的豪華車輛，因為福特公司還沒有生產出一輛豪華型的高級轎車。

從理論上說，福特搬入「光明巷」之後，他應該與弟弟妹妹們多多交往，但是事實並非如此。他依然像從前一樣，和弟弟妹妹們保持著一種淡淡的關係。弟弟約翰繼承了父親的農場，自食其力的在土地上勞作。有一次，福特派人給他送去一輛「T」型車，約翰立即咆哮道：

「把這個該死的東西開走，讓他自己留著開吧，我不需要！」

弟弟威廉倒是進了福特公司，擔任農機具的推銷工作。不過，福特對待威廉跟其他員工沒什麼不同。後來，威廉自己開了一個小公司，專門負責推銷福特公司生產的曳引機。

福特一家與克拉拉的親戚們來往倒是多一些，但是福特對他們也不大熱情。雖然每次他們到「光明巷」做客，福特都會親自出面應酬，但是他總是伺機悄悄溜到設在電站的工具房和車間裡躲起來。

第十五章　走向專制的「暴君」

第十六章　父子之間的權力大戰

如果你想永遠做個員工，那麼下班的打卡鐘響起，你就可以暫時忘掉手中的工作；如果你想繼續前進，去開創一番事業，那麼，打卡鐘僅僅是你開始思考的信號。

——亨利·福特

第十六章　父子之間的權力大戰

（一）

耐人尋味的是，福特與自己唯一的兒子，他的合法繼承人埃德索爾之間的關係也漸漸緊張起來。在埃德索爾年少之時，父子倆的關係是極其和諧的，兩人是從什麼時候開始產生衝突的呢？

有人認為，福特與埃德索爾之間產生衝突的原因並不是一朝一夕形成的，而是在漫長的歲月裡一點一滴累積起來的。福特性格強硬，從來不管埃德索爾內心的真正想法，一開始就想為他安排好一切。

正是由於福特的教育風格，埃德索爾逐漸養成了膽小懦弱的性格。等到埃德索爾懂得反抗之時，一切都晚了，他的性格已經形成。長大後，埃德索爾千方百計的企圖擺脫父親的約束，自己的事情自己拿主意。日積月累，父子間的關係便逐漸緊張起來。

福特父子公開爆發衝突是從埃德索爾的婚姻開始的。一九一五年秋天，埃德索爾認識了底特律百貨公司老闆約瑟夫·哈德遜的姪女埃莉諾（Eleanor Lowthian Clay）。兩人一見鍾情，很快便墜入愛河。發現埃德索爾墜入情網後，福特立即吩咐他的保鑣戴林格說：

「戴林格，去調查一下今天跟埃德索爾在一起的那個女孩的情況。」

幾天後，辦事效率奇高的戴林格便將一份對埃莉諾本人及其家庭情況的調查報告擺在福特的桌子上。福特叫來妻子克拉拉，與她一起看了起來。克拉拉一邊看，一邊尷尬的說：

「亨利，我們這樣做恐怕不合適吧。」

專制的福特立即反駁說：

「沒什麼不合適的。埃德索爾是我們的兒子，也是我的家業的唯一繼承人，我當然要了解他平時都接觸些什麼人，特別是那些女孩子。」

克拉拉靜靜的坐在福特的對面，沒有回答。福特盯著克拉拉的眼睛看了幾秒鐘，突然傷感的說：

「我們還指望埃德索爾能留在家裡跟我們住在一起。如果他早早就結婚的話，以後事情恐怕就不會按我們想像的那樣了。」

由於當時正處於第一次世界大戰的特殊時期，再加上福特正在想辦法對付道奇兄弟等股東，沒有太多的精力去管兒子的事情，埃德索爾與埃莉諾的戀情迅速升溫。到一九一六年夏天時，埃德索爾已經向埃莉諾求婚了。當時，埃德索爾和埃莉諾等人正在紐約度假。八月的一天，克拉拉拿著一封信，興高采烈的對丈夫說：

第十六章　父子之間的權力大戰

「埃德索爾來信了！」

福特高興的說：

「是嗎？唸唸，看他過得怎麼樣？」

克拉拉從信封中抽出信件，輕聲唸道：

「親愛的父親、母親，我已經向埃莉諾正式求婚了，請原諒我沒有徵得你們的同意就這樣做，但是我想你們一定會贊成的……。」

當唸到這裡之時，克拉拉停了下來，吃驚的望著福特。福特的臉色大變，他瞪著克拉拉，氣急敗壞的命令道：

「繼續唸下去。」

克拉拉繼續唸道：

「我們每天晚上都去看爵士樂節目，然後再找一個地方跳舞，最令人愉快的是那夜半的時光和極度的瘋狂。我從離開底特律到現在一直都無病無災，感覺好極了！對了，埃莉諾也已經開始買嫁妝了……。」

克拉拉把信裝回信封，喃喃的說：

「亨利，看來我們就要操辦兒子的婚事了。」

福特從沙發上站起來，在寬敞的客廳裡來回踱步，緩和了一下情緒後才慢條斯理的說：

「這一定是今年底特律社交界的一件大事，是得準備一下。」

克拉拉回答說：

「你說得很對。埃莉諾這孩子也是底特律社交界的明星，而且名聲相當不錯。」

福特淡淡的說：

「是啊。只是我有點不明白，像她這樣的女孩怎麼會喜歡什麼爵士樂？這個愛好對我們的兒子恐怕沒有什麼好影響。」

埃德索爾和埃莉諾返回底特律之後，立即宣布了他們訂婚的消息。為慶祝這一喜訊，福特家族和哈德遜家族在底特律最好的夜總會、飯店和劇場舉行了一系列盛大的酒會、舞會和由雙方親友參加的訂婚儀式。

一九一六年十一月一日，埃德索爾和埃莉諾依照當地的風俗在哈德遜家的寓所舉行了簡單的婚禮。福特王國繼承人的婚禮當然是一件轟動全市甚至是全國關注的事，大批新聞記者來到這座紅磚砌成的樓房採訪。然而，他們除了見到了當時底特律的一些名人之外，幾乎找不到其他什麼可以大肆渲染和描寫的地方，因為整個婚禮十分普通，甚至有些平淡無奇。

第十六章　父子之間的權力大戰

(一)

度完蜜月後，埃德索爾夫婦回到了迪爾伯恩。但是他們作出的第一個決定便讓福特和克拉拉傷心不已——他們決定搬離「光明巷」，去過自己的生活。福特雖然什麼都沒說，但是他與兒子的關係出現裂痕已經是無法避免的事了。

第一次世界大戰期間發生的另一件事更進一步加深了福特和埃德索爾之間的芥蒂。當時美國在直接介入第一次世界大戰後，福特一改過去的做法，開始積極支持美國政府出兵歐洲。在一次記者招待會上，福特大聲宣布：

「我在此以我的名義，向全體美國人民發出建議，讓我們把子彈裝進槍口，齊心協力來支持我們的山姆大叔吧！」

在記者招待會即將結束時，底特律《週末晚報》的一名記者大聲問道：

「福特先生，請問你是否願意像其他美國人一樣，把自己的兒子送上前線？」

亨利．福特沒想到記者會提出如此尖銳的問題，瞪大眼睛愣了一下，隨即便發出一陣劇烈的咳嗽聲。時任福特公司新聞發言人的約翰．李趕緊宣布：

「今天的採訪到此結束。」

下班後，福特回到家時便發現家中的氣氛十分凝重。已經搬出去住的埃德索爾回到了「光明巷」，正一臉凝重的坐在沙發上等他；而克拉拉則在一旁不停的抹著眼淚。福特一邊把帽子和外套遞給僕人，一邊驚異的問：

「怎麼回事？」

埃德索爾從沙發上站起來，遞給福特一個信封。福特接過來一看，是一份由兵役局發來的服役通知書，要求埃德索爾在在接到通知書後，立即準備應徵入伍。埃德索爾看著福特，懇求道：

「父親，我希望你能同意我去參軍。」

福特猛的把手中的通知書扔在地上，歇斯底里的大叫起來：

「我不准你去！這群混蛋，怎麼能讓我唯一的兒子上前線去打仗？」

埃德索爾哀求道：

「父親，請讓我去吧！別人家的獨子也得上前線，你就讓我去為國家效力吧！求求你了！」

克拉拉在一旁啜泣著說：

第十六章　父子之間的權力大戰

「傻孩子，你不能去呀，你會被打死的！」

福特一把抓住兒子略顯瘦削的肩膀，大聲說道：

「我的兒子，你不能去！我會想盡一切辦法讓你免除兵役的。」

埃德索爾哀傷的說：

「可是，這會讓我感到恥辱，別人也會嘲笑我、嘲笑你、嘲笑我們的家族。你總不會希望別人罵我是個膽小鬼吧？」

但是福特仍然決絕的說：

「不管別人怎麼說，我都不能讓你去前線。孩子，你是福特公司唯一的合法繼承人。如果你死了，那群混蛋肯定會十分高興的！」

埃德索爾知道父親所說的「那群混蛋」是誰。當時，法院正在審理福特與道奇兄弟等股東的糾紛案。埃德索爾見父親已經下定決心不讓自己去前線，便失望的離開了。心力交瘁的埃德索爾回去後閉門謝客，為此還大病了一場。

最後，福特便找來幾個律師和法律方面的專家，研究如何才能免除埃德索爾的兵役的事。不久，福特汽車公司的律師便向底特律地方兵役局提出申訴，說埃德索爾是福特汽車公司必不可少的「關鍵人物」，承擔著完成分配給福特公司的大批戰爭定貨的生產任務，無法到前線服役。結果，地方兵役局在回函中指出，埃德索爾．福特只不過是福特汽車公司的一名祕書，因此以不能作為「從事軍事工業的重要人物」對待為由，駁回了律師的申訴。

焦急的福特立即給威爾遜總統寫了一封信，請求得到他的幫助。滑頭的威爾遜當然不願插手這一棘手的問題，乾脆裝聾作啞，不予回覆。

正當福特絕望之時，事情突然有了轉機。一九一七年九月七日，埃德索爾的妻子埃莉諾生下了福特家族的第三代——小亨利．福特，即亨利二世（Henry Ford II）。根據兵役法的規定，埃德索爾因此而獲得了贍養人的身分，再加上他是福特公司的核心人物之一，這樣就能獲得免除兵役的特權了。

就這樣，在福特的安排下，兵役局最終批准了免除埃德索爾兵役的請求。在福特看來，這是一次勝利，但是埃德索爾卻認為這是一件讓他蒙羞的事。

埃德索爾擔心的事情終於發生了。由於福特動用各方面的關係為兒子免除兵役，社會輿論立即將矛頭對準了埃德索爾和福特。底特律《週末晚報》在一篇文章中說：

「亨利．福特終於得逞了。他讓自己的孩子置身於戰爭之外，而讓其他家庭的孩子進入戰壕……。」

第十六章　父子之間的權力大戰

《鐵礦報》則說埃德索爾「一輩子都將是一個逃避兵役的懦夫」；《砍刀報》諷刺埃德索爾是「辦公椅騎兵隊的頭目」。

直到戰爭結束多年之後，依然有人諷刺埃德索爾說：

「世界上沒有受到戰爭損傷的只有七個人，其中六個是皇帝的兒子，第七個就是埃德索爾．福特。」

福特的獨斷給自己兒子的心靈造成了嚴重創傷，甚至給他帶來了終生的恥辱。多年後，當有的記者向埃德索爾問起這件事時，性格懦弱的埃德索爾卻毫不猶豫的說：

「當時我非常願意和夥伴們一起上前線，只是父親極力主張我應該免除兵役……。」

（三）

雖然福特與埃德索爾關係在第一次世界大戰期間就出現了裂隙，但是直到一九二〇年代初期，他們父子之間尚未出現尖銳的對峙。在公司裡，父子倆經常在一起討論各種規劃，或者一起到廠區視察工作；回到「光明巷」，福特還會用直通埃德索爾住宅的專用路線跟兒子閒聊幾句。

當時，福特的辦公桌上擺放的照片也是他與兒子的合影。在照片上，亨利．福特和埃德索爾面露笑容，並肩坐在一排老式靠背椅上，看上去十分和諧。由於特別喜歡這張相片，福特還特意叫人加洗了許多份，送給自己的親朋好友。

但是當福特逐漸將公司的大權轉交給兒子時，他才發現懦弱的埃德索爾根本無法獨立領導龐大的福特王國。儘管埃德索爾已經是福特公司的董事長兼總經理了，但是在所有重大問題上，他都極力的使自己的觀點和行動與父親保持高度一致。

更讓福特擔憂的是，年輕的埃德索爾雖然繼承了自己的外表，但是並沒有繼承自己頑強的性格和健康的體魄。從少年時起，埃德索爾就經常生病。成年後，埃德索爾的身體狀況非但是沒有得到改善，反而有所惡化，他經常莫名其妙的感到頭暈和噁心。

福特開始費心費力的培養自己的兒子，並試圖在公司樹立起埃德索爾的個人威信。當他和埃德索爾在一起討論公司事務時，如果有人前來向他請示工作，他就指著埃德索爾對來人說：

「去請示他，他說怎麼做就怎麼做，現在是他在管理公司。」

但是埃德索爾的表現總是不如人意，以至於福特憂心忡忡的對克拉拉說：

「埃德索爾的這種表現只能像一個好助手，而不像一個汽車王國的繼承人。除了盡可能為他創造一些條件和機會外，我究竟怎麼才能把他培養成一個合格的領導者呢？」

第十六章　父子之間的權力大戰

究竟怎樣才能讓埃德索爾成為一個合格的領導者？有一天，福特在「光明巷」的書房裡打開他那本神祕的藍皮筆記本，認真翻了起來。突然，他被一段話深深的打動了。筆記本上是這樣寫的：

「當他養尊處優時就會睡大覺，當他受折磨、遭打擊時就增長智慧、富於進取，就會具有男子漢的氣概……。」

福特激動的站起來，大聲對自己說：

「這不正是埃德索爾的寫照嗎？這不正是把我的兒子培養成一個強者的訣竅嗎？原來竟是如此簡單！埃德索爾平靜的生活應該被打破，應該像那洶湧澎湃的大海，他應該經風雨、見世面，遭受各種挫折。作為他的父親，這才是我應該為他做的！」

就這樣，專制的亨利．福特一面盡力控制著福特王國，一邊試圖透過打擊來使埃德索爾盡快成長起來。福特無論如何也沒有想到，他的做法不但沒將埃德索爾從自卑中解脫出來，反而加劇了父子之間的矛盾和衝突。而埃德索爾的表現則因福特的牽制越來越差，這在一定程度上使福特感到更加失望，從而加強了對公司的控制。

有一次，福特來到魯日河畔的福特工廠，發現工人們正在建設幾座新煉焦爐。福特一問，才知道這是根據埃德索爾的命令進行的。福特暗自竊喜道：

「這是考驗和鍛煉兒子的一個好機會！」

新煉焦爐的建造工作完成後，興高采烈的埃德索爾打算舉行一個小小的慶祝儀式。有一天，他正在工作時，魯日工廠的一名管理人員突然出現他的面前，報告說，福特的保鑣貝內特（Harry Herbet Bennett）正帶人在拆除新焦爐。埃德索爾大吃一驚，連忙趕去。

但是當他趕到之時，新焦爐已經被拆掉了。貝內特無奈的攤開雙手，對他說：「這是福特先生的命令。他說沒有必要建這些，只需從別的工廠訂購，然後用鐵路運來就行了。」

埃德索爾聞言，什麼也沒說，只是默默的回了公司。福特滿心以為，人為的給兒子製造一些挫折是促使他堅強起來的有效方法，但是他沒想到，卻進一步加劇了埃德索爾的自卑心理。

福特父子之間的這種對抗反反覆覆的進行了多次，在收購林肯汽車公司之時達到了頂峰。當林肯汽車公司經營出現問題時，埃德索爾建議父親斥資收購它。福特同意了，但是在完成收購後卻立即宣布解僱林肯公司所有的工人。這使具體負責收購事宜的埃德索爾感覺自己受到了侮辱，以致幾個月都不跟父親說一句話。

第十六章　父子之間的權力大戰

第十七章　「T」型車的終結

歷史或多或少就是胡說。唯一值得一個修補匠肯定的歷史，就是我們今天所創造的歷史。

——亨利·福特

第十七章　「T」型車的終結

（一）

在與兒子的矛盾日益加深之時，福特發現了一個讓他極度不安的狀況──「T」型車的銷量正在大幅度下滑。迷戀「T」型車幾乎達到瘋狂程度，福特並沒有從「T」型車身上找原因，而是將這一狀況的出現歸罪於美國經濟發展的下滑。

其實，造成這一狀況的主要原因是「T」型車已經過時了。埃德索爾的得力助手坎茲勒在進入公司不久就發現了問題的癥結所在。他是埃德索爾請來對付父親在公司的代理人索倫森的。他曾對埃德索爾說：

「『T』型車已經過時了，市場已經出現重大的變化。福特汽車公司不僅需要一種新的汽車來代替『T』型車，以繼續在市場上占據主要地位，還需要建立起一個能與蒸蒸日上的通用汽車公司相競爭的高級管理決策層。這個決策層需要的不是家長式的專制，而是激烈的討論和有效的決策。」

坎茲勒的分析十分中肯。當時，通用汽車公司正以系統科學的管理和決策在市場上逐漸占據有利地位。那些被福特排擠出公司的菁英們，正以威廉·努森為代表，出於不同的目的對福特反擊。努森等人設計的雪佛蘭轎車也正以其完美的設計、合理的價格和優越的性能，一步步的蠶食著「T」型車的領地。一九二三年，通用汽車公司把自己所有的研究設計機構都集中到一起，推出了「每年設計和生產一種新型車」的策略，給福特汽車公司造成了更大的衝擊。

通用汽車公司的種種舉措使得福特公司的「T」型車看起來更像是一種古董，而不是最新的交通運輸工具。一時之間，福特公司的倉庫裡積壓了大量曾風靡全國的「T」型車。

為了扭轉這種狀況，坎茲勒在埃德索爾的支持下，建立了福特汽車公司的第一個生產控制部門。坎茲勒首先研究從各銷售點回饋回來的資訊和預測資料，然後再將資料提交給埃德索爾，由他決定到底應該生產多少汽車，同時對下個月的情況進行預測。

倉庫裡積壓的產品逐漸減少了，但是炙手可熱的索倫森卻在此時盯上了坎茲勒。一九二一年下半年的一天，坎茲勒到索倫森家做客。在交談中，坎茲勒告訴索倫森說福特在壓制埃德索爾。為顯示對福特的忠誠，索倫森立即跳了起來，失態的怒吼道：

「請你立即滾出去！」

第二天，索倫森便來到福特的辦公室，向他講述了自己昨天的忠誠表現。福特的臉上露出了笑容，滿意的說：

「索倫森，我沒有看錯你，可是你還沒有看清坎茲勒，他現在一定在埃德索爾的

第十七章　「T」型車的終結

膝蓋上。」

福特之所以不喜歡坎茲勒，並不是因為他勇於和索倫森對抗，而是因為他和埃德索爾站在一起。這位專制的老人認為坎茲勒正在「用墮落的生活方式毒害埃德索爾」，因為坎茲勒勸說埃德索爾在洛克菲勒家族和美國銀行家夏季度假的地方買了一棟別墅。

一九二三年，在埃德索爾的強行安排下，坎茲勒被任命為公司的副總經理和董事會成員。隨後，這兩位年輕人立即著手改組公司的領導部門。福特在得到這個消息後，破口大罵：

「這是背叛，赤裸裸的背叛！」

幾天後，蓄謀已久的埃德索爾突然宣布：辭退殘暴和傲慢的索倫森。索倫森立即哭哭啼啼的跑到「光明巷」，向福特哭訴他所受到的「不公正的待遇」。

福特氣憤極了，馬上打電話質問埃德索爾：

「這是怎麼回事？你必須恢復索倫森的職位！」

埃德索爾照辦了，但是再次幾個月不與父親說一句話，也沒有到「光明巷」去看望他。福特父子的關係再次滑入低谷。此時，所有的明眼人都已經看出來，福特汽車公司分成了旗幟鮮明的兩個派別：表面上是坎茲勒和索倫森的爭鬥，背後卻是埃德索爾和福特的激烈對抗。

(二)

隨著一九二〇年代資本主義發展「黃金時期」的到來，簡陋、笨拙的「T」型車越來越難賣出去了。這種曾經讓福特引以為傲的汽車不但是在設計和技術上過於陳舊，在價格上也失去了優勢。

到一九二〇年代中期，全世界約有二千五百萬輛汽車，其中相當大一部分是二手車。當時，二手車的售價大多在幾十，乃至十幾美元，幾乎統治了整個廉價汽車市場。在這種情況下，以廉價市場為主要目標的「T」型車自然而然的失去了生命力。

一九二六年初，死也不肯服輸的福特終於悲哀的宣布說：

「『T』型車唯一的缺點，就是人們不願意再買它了。」

一九二六年一月，埃德索爾與福特的權力抗爭終於發展到了攤牌的時候。他和坎茲勒已經瞞著福特對「T」型車的設計進行了大量的改變，不僅加上了許多當時流行的附件，就連外觀也作了較大的改善。但是，當這一設計方案被送到福特面前時，福特竟然不屑一顧的說：

第十七章　「T」型車的終結

「『T』型車不需要改進，快把這個方案扔到一邊去。」

一月二十六日，血氣方剛的坎茲勒終於忍不住了。他給福特寫了一份相關「T」型車的備忘錄。在這份宣戰書中，坎茲勒一針見血的指出：

「你大概沒有意識到，當你說話的時候，大多數人不願意說出自己的內心話……。在過去幾年中，我們沒有向前邁開步子，只是守著原來的一點東西，而競爭卻更加激烈了。我們的處境非常不妙，公司的地位正在削弱，公司的市場正在被悄悄奪走……。從前那種昂揚、自信、開拓的精神正在減少。我們大家都很清楚，在英國我們失敗了，在美國也正在被我們的對手趕上。我們的競爭對手每多售出一輛汽車，他們就變得越強大，我們則變得更弱小。福特先生，我完全知道，是你以不知疲倦的奮鬥和苦心經營創立了整個公司，但是一味的自大和停滯不前必定會招致事業的失敗……。」

坎茲勒的這份報告送上去後，猶如石沉大海，沒有收到任何回應。從表面上看，福特似乎也沒有作任何表示，但是實際上，福特已在暗中準備對付坎茲勒了。

一九二六年八月，酷愛藝術的埃德索爾夫婦前往歐洲選購藝術品去了。福特立即抓住這一有利時機，宣布解僱坎茲勒。

回到底特律後，悲傷不已的埃德索爾立即去見坎茲勒。坎茲勒安慰他的朋友說：

「我知道，我的唯一錯誤就是說了你應該說的話。不過，你不要再為我的事情去和福特先生爭執了，這次是我自願辭職的。」

埃莉諾深知坎茲勒在福特公司的作用有多大，尤其是對她的丈夫而言。一天週末，埃莉諾親自來到「光明巷」，流著眼淚祈求福特，請他恢復坎茲勒的職務。然而，無論她怎麼哀求，福特始終沒有同意。

埃德索爾絕望的對妻子說：

「你什麼也不用做了，一切都是徒勞的。要澈底解決這個問題，除非是透過死亡。」

坎茲勒走了，埃德索爾向父親統治下的專制王國發起的挑戰澈底失敗了。為了保住這家以福特家族的姓氏命名的公司，埃德索爾仍然堅持不懈的利用一切機會說服父親，希望他能像當年艱苦創業時那樣，領導公司進行必要的變革，重振福特汽車王國。

其實，此時即便埃德索爾不勸福特，他也會進行改革的。因為事實已經證明，不改革的結果只有失敗。坎茲勒離開公司後不久，福特就宣布：公司要在全國範圍內發動一次全面性的廣告攻勢，而且要採取一些「改革措施」。這些措施包括：全面翻新「T」型車，改革引擎，增加新座飾和車身的油漆顏色……。

半年多之後，福特發現他的這些所謂的「改革措施」根本無濟於事。一九二七年五

第十七章　「T」型車的終結

月二四日，福特不得不悲壯的宣布：停止「T」型車的生產，開發一種全新的車型。

兩天後，福特汽車公司的最後一批「T」型車開出了生產線，其中包括公司生產的第一千五百萬輛「T」型車。當埃德索爾駕駛著最後一輛「T」型車載著父親緩緩開出「水晶宮」時，工人們放下了手中的工作，悄悄的圍了上來，悲哀的看著「它」漸行漸遠。

就這樣，「T」型車在統治了廉價汽車市場近二十年後，悲壯的結束輝煌時代。

（三）

很多人認為，「T」型車時代的結束對福特來說是一次沉重，乃至致命的打擊。但是誰也沒想到，這位倔強的老人不但是沒有被擊倒，反而在逆境中重新燃起了鬥志，又像年輕時代一樣，充滿熱情的投入到緊張的新車研發工作當中。

福特把埃德索爾叫到自己的辦公室，吩咐他全權負責新車的車身式樣、內部裝飾和儀錶格局設計。埃德索爾問道：

「引擎由誰負責？」

這位六十四歲的老人堅定的回答說：

「我！」

過了一會兒，福特又大聲道：

「埃德索爾，我準備把新車命名為『A』型車！」

聰明的埃德索爾一下子就明白了父親的意思：福特是想以這種新車作為一個新的起點，實現福特汽車公司的再一次起飛。看著兩鬢斑白的父親，埃德索爾什麼也沒說，而是不顧自己多病的身體，一心撲在工作上。

從一九二七年開始，福特汽車公司進行了一場前所未有的機器大改裝。不能不承認，脾氣火爆的索倫森在工作上是極其負責的。在那段時間裡，他吃住都在工廠，以近乎瘋狂的狀態英勇奮戰數月。他一頭短髮也因為長時間沒有修剪而長及肩膀。

一九二七年十月二十一日，福特汽車公司的新一代「A」型車終於誕生了。以亨利．福特為首的這些美國汽車界菁英設計的這輛「A」型車可以稱得上是當時美國汽車業的巔峰之作。無論是車身設計，還是引擎和其他零零件，這輛車都達到了前所未有的成功。

看著這輛凝聚了眾人心血的新生兒，埃德索爾望著父親，興奮的說：

「我準備了四種不同的顏色來打扮這個寶貝。另外，還有十七種車體式樣供買主選擇。」

福特望著埃德索爾，張了張嘴，似乎想說什麼，但是卻沒說出來。父子倆對視了片刻，然後無言的擁抱在一起。

福特喃喃的說：

「我們又成功了！孩子們，我相信『A』型車的推出會在全國掀起一場新的汽車銷售浪潮。不過，我認為大家目前最需要的是回家痛痛快快的睡一覺！」

眾人歡呼著告別出門，埃德索爾走在最後。福特叫住兒子，關切的說：

「埃德索爾，你做得出色極了，可是你的氣色真的不好。這些日子太疲憊了，快回去好好休息吧。」

多年來，這似乎是福特首次關注埃德索爾的健康問題。埃德索爾十分感動，他動情的說：

「好的，父親，你也要好好休息。」

目送著兒子的身影，福特滿意的點點頭：

「我的兒子已經真正成材了。他是一個真正的汽車專家，完全明白汽車外觀的設計。」

為了充分利用大眾的好奇心，給「A」型車蒙上一層神祕的色彩，創造出更好的宣傳效果，埃德索爾對新車採取了嚴格的保密措施。大眾的熱情果然被調動起來了，許多人都推遲了自己購車計畫，把貨幣儲存起來，等待福特公司「A」型車的上市。大家都相信，福特不會讓他們失望的。據《紐約時報》統計，全國有五十萬消費者在沒有見過「A」型車的樣車、甚至不知道新車定價的情況下，就交納了訂金預訂新車。

一九二七年十一月底，「A」型車終於在消費者的期待下上市了。這種性能優越的汽車只定價四百九十五美元，比雪佛蘭汽車足足便宜了一百美元。福特公司還宣布：為了感謝社會大眾支持福特汽車，凡是購買「A」型車的工人和普通市民都可以享受分兩次付款的優厚待遇。結果在不到一個月的時間裡，福特汽車經銷商就接到了五百多萬張預訂單。

新的「A」型車又像當年的「T」型車一樣，獲得了很大的成功。一九二八年，福特汽車公司的「A」型車年產量僅為六十三萬三千五百九十四輛，倉庫裡竟然一輛庫存都沒有。一九二九年，福特汽車公司各種型號的汽車銷售量達到了驚人的一千八百五十一萬輛汽車，占當年美國汽車銷售總數量的百分之三十四，重新坐到了汽車行業龍頭老大的位子。

但是，在「A」型車取得成功的同時，工人們的生活卻出現了極大的變化。由於「水

第十七章　「T」型車的終結

晶宮」的「T」型車生產線關閉，約有六萬多名工人失去職業。全美國的商人、專業技術人員、提供原材料的廠商也都不同程度的被捲入進來。福特公司的停產改造對這些人的打擊是災難性的，街上到處都是失業的福特工人，整個底特律陷入空前的蕭條。

第十八章　大力扶植貝內特

一個公司只有在它的追求與社會的追求一致時，即公司生存的根本是惠於顧客、惠於員工、惠於社會，它才能永遠興旺。

——亨利·福特

第十八章　大力扶植貝內特

（一）

一九二九年十月，一場席捲整個資本主義世界的經濟危機爆發了。華爾街股票市場一片混亂，失業人口持續增多，大眾的消費能力急劇下降。大蕭條一直持續了三年多，摧毀了無數的企業和家庭。埃德索爾也在這場危機中遭受到了龐大的損失。埃莉諾勸說丈夫向福特求助，但是倔強的埃德索爾卻選擇了獨自承受。

其實，福特早已知道在兒子身上所發生的一切了。後來，他雖然替埃德索爾還清了債務，但是對兒子的表現十分不滿，且認為這是由於他自幼缺乏競爭對手而形成的懦弱性格導致的。為了增強埃德索爾的競爭意識，福特竟然鬼使神差的將魯日工廠的衛隊長兼他的貼身保鑣哈里．貝內特推到了福特公司的前台。

與埃德索爾同歲的貝內特出生於一個貧窮的家庭，自幼喪父，由母親獨力撫養長大。後來，他的母親改嫁給密西根大學的一位工程學教授。成年後的貝內特一直向人強調，自己的少年時代是在美國著名的大學城度過的，從小崇拜體育明星。

一九〇九年，十六歲的貝內特離家出走，並參加美國海軍。軍旅生涯給了貝內特強壯的體魄，也進一步增強了他對暴力的崇尚。

在軍隊這部龐大的軍事機器中，一向崇尚武力的貝內特如魚得水，身上的潛力充分發揮出來。在業餘時間裡，身材矮小的貝內特還參加了艦隊的拳擊隊，成為公認的拳擊高手。耐人尋味的是，他在美國直接介入第一次世界大戰不久之後便接到了退役通知。

就這樣，貝內特於一九一七年來到福特汽車公司。貝內特很注意在工人當中樹立自己的威信，因為他認為只有這樣才能引起老闆的注意，才能有向上攀升的機會。很快，語言幽默、性情開朗、舉止粗暴、精於拳擊的貝內特就成了魯日工廠小有名氣的人物，人稱「水手哈里」。

一九一八年的一天，有人向當時負責監造軍事訂貨生產線的威廉·努森匯報說，有守衛監守自盜，倒賣公司的建築材料。努森一聽，立即火冒三丈的吼道：

「去給我找一個精明能幹的人來，找一個既冷酷無情、又能鎮得住那些傢伙的人，我要讓他來管理整個魯日工廠的守衛。」

第二天，貝內特來到了努森的辦公室。努森看了看身材矮小的貝內特，心裡有些不滿。正當他在考慮是否讓貝內特來擔任新任務時，福特來魯日工廠視察。努森便帶著眾人陪同老闆在廠裡轉悠，貝內特也跟在後面。

當一行人來到堆積著鋼材的平地上時，發現一群工人正圍在一起吵吵嚷嚷。福特等人走上前去，擠開人群，才發現一個身高體壯的大漢正趾高氣揚的站在那裡搓著自己的

第十八章　大力扶植貝內特

雙手，一名工人已經被他打倒在地，鼻孔裡還流著鮮血。

很顯然，趾高氣揚的大漢是從廠外溜進來的肇事者。福特非常氣憤，怒聲問道：

「難道這裡沒有一個人敢出來揍他嗎？難道你們都是懦夫嗎？」

工人們你看看我，我看看你，沒人敢輕舉妄動。就在這時，一直站在福特身後的貝內特站了出來，跳到比他高一頭的大漢面前。那名大漢甚至沒有看清貝內特的面貌，就被身手敏捷的貝內特打倒在地。

工人們齊聲叫好，福特也像個孩子似的，高聲笑了起來。他用力拍了拍貝內特的肩膀，高聲問：

「壯漢，你叫什麼名字？」

貝內特挺了挺胸脯，中氣十足的回答說：

「貝內特，哈里．貝內特。」

福特打量了一下貝內特，突然轉身對努森說：

「剛才你不是說魯日廠的衛隊缺一個隊長嗎？為什麼不讓這個壯漢來試試？」

努森趕緊回答說：

「剛才您來的時候，我正和他談這件事。」

福特點了點頭，緩緩說道：

「很好，我看這事就這麼定下來吧。」

就這樣，貝內特成了魯日工廠的衛隊長。從此，貝內特的人生也發生了重大的變化，因為他給福特留下了深刻的印象。以後福特每次到魯日工廠來視察，他都緊跟在後面，千方百計的討老闆的歡心。

（二）

貝內特是一個十分聰明而又善於見風使舵的人。當索倫森在魯日廠獨攬大權時，貝內特就成了索倫森的忠實跟班。有一次，索倫森在辦公室導向窗外望，剛好發現一名工人在路上偷懶閒逛，便對貝內特說：

「解僱他。」

過了一會兒，貝內特來見索倫森，興高采烈的匯報說：

「我把剛才走在那條路上的所有的人都炒了。」

索倫森一聽，立即眉開眼笑的說：

「做得好！」

第十八章　大力扶植貝內特

貝內特原本就給福特留下了深刻的印象，再加上索倫森的大力推薦，貝內特很快便在福特的扶植下成為福特公司內務部的經理。除了工廠原有的守衛外，這位崇尚暴力的退伍軍人還僱了好幾個打手、出名的惡棍、退役的軍人、運動員和水手等，並為他們配備了包括機關槍在內的武器。

當福特躲在「光明巷」深入簡出之時，貝內特甚至成了福特的座上客。有一次，福特好奇的問：

「貝內特，怎麼你從來都是只繫領結，不繫領帶呢？」

貝內特笑了笑說：

「繫領帶很不方便，一旦和別人動起手來，容易被對手抓住領帶就被牽制住了。」

福特笑著說：

「原來如此！」

從此之後，福特便經常將貝內特掛在嘴邊，稱讚他是一個從西部影片中走出來的英雄。而貝內特也十分善於揣摩福特的心思，時時投其所好，逐步鞏固自己的地位。久而久之，福特便與貝內特結下了友誼，以至於福特從內心裡把他當成了自己的另一個兒子。因為他從這個小個子年輕人的身上看到了埃德索爾身上缺乏的，甚至連自己身上也不具備的一種精神——一種野蠻的霸氣。

貝內特的步步高升讓埃德索爾感到了威脅，甚至連大權在握的索倫森也不安起來。在福特公司的一次酒會上，一身西部牛仔打扮的貝內特突然站在舞台上，唱起了一首傷感的流行歌曲，再次大出風頭。一向與埃德索爾不和的索倫森悄然來到埃德索爾的面前，擔心的說：

「貝內特現在已經成了福特先生身邊的紅人了。」

埃德索爾驚訝的看了看索倫森，發現對方不是在說笑，便言不由衷的回答說：

「沒關係，貝內特在複雜的汽車技術面前簡直就是一個門外漢。我想，他不會有什麼野心的。能作為公司的一名傳奇人物，我看他已經夠滿足了。」

索倫森嘆了口氣，輕輕搖了搖頭，低聲說道：

「這樣最好，我就怕將來他膨脹起來時，再採取行動就晚了。」

索倫森的擔心不無道理。隨著席捲資本主義世界的經濟危機全面爆發，美國的社會治安狀況也變得混亂起來。為了家人和自己的安全，福特更加倚重貝內特了。有一次，有人寫信威脅埃德索爾，宣稱如果他不交出一大筆錢，就要殺掉他的孩子。貝內特知道後，立即將計就計，設下一個圈套。他派人裝扮成埃德索爾，開著汽車去把錢送到罪犯指定的位置。當罪犯想取走這筆錢時，貝內特突然從旁邊衝出來抓住了他，先是暴打一頓，然後又把他交給了警察局。

還有一次，福特的長孫亨利二世在學校受到一名無賴的敲詐勒索，性格強硬的亨利二世悄悄把這一消息告訴了貝內特。結果沒有幾天，就有人在一條河上發現了那名無賴的屍體。

自從出了這一系列事件之後，福特和埃德索爾便加強了安全防範措施。每次外出，他們的保鏢都會全副武裝，帶著手槍、機關槍等武器。「光明巷」和埃德索爾的別墅周圍也都布置了二十四小時的安全崗哨。福特還為孫子和孫女安排了貼身保鏢。在貝內特的建議下，福特甚至與美國黑社會建立了聯絡，以便防患於未然。

(三)

由於貝內特心狠手辣、手段殘暴，以致整個底特律都沒人敢惹他。到一九三七年時，他更是在福特的直接支援下擊潰了萊布林、索倫森，乃至福特王國的唯一合法繼承人埃德索爾，成為整個公司僅次於亨利．福特的重要人物。由此，貝內特的權力欲更加極度膨脹，開始覬覦福特王國公司最高權力了。

對福特王國的繼承人來說，擊潰貝內特已經成了當務之急。其實，福特樹立貝內特這個強有力的競爭對手，就是為了讓埃德索爾擊敗他。然而，埃德索爾擊潰貝內特的可能性已經很小了，因為他的身體在一九三〇年代之後已經一日不如一日。但是他的孩子們已經漸漸長大，可以到福特公司參加工作了。一九四〇年九月，埃德索爾的長子亨利二世和次子本森（Benson Ford Sr.）正式進入福特汽車公司，開始在魯日工廠上班。

埃德索爾非常高興，因為亨利二世和本森加入福特公司的行列就意味著他們已經在做接班的準備了。他悄悄的對妻子埃莉諾說：

「在我這一代，由於種種原因，父親根本沒有把權力交給我，可是無論怎麼說，這種局面在亨利和本森這一代人身上不會再重演。」

面對漸漸長大的孫子們，七十七歲的福特心情極其複雜。雖然他已經明顯感到精力和體力的衰退，但是他在內心裡卻依然不願放棄自己手中的權力。他每天都讓貝內特向他匯報兩個孩子的工作情況，然後一個人坐在椅子上發愣。

有一天，福特突然到魯日工廠去看望自己的孫子們。當他發現亨利二世和本森在一名黑人的手下工作時，一股無名火頓時從胸中燃起。老福特強忍著怒火，悄然來到位於「水晶宮」的辦公室。剛一關上門，他便怒不可遏的吼道：

第十八章　大力扶植貝內特

「是誰安排那個黑人做孩子們的監工的？」

貝內特趕緊匯報說：

「是謝爾德里克。」

謝爾德里克是魯日工廠最出色的工程師之一，曾協助福特研發了新「A」型車的引擎。專制的老福特立即命人把謝爾德里克找來，把他罵了個狗血噴頭。當時，亨利二世和本森已經對汽車組裝等環節有所了解，所以謝爾德里克回到工廠，馬上把兄弟二人安排到福特公司為美國軍隊設計並生產的新型吉普車的總裝車間，主要從事這種新車的裝配和檢驗工作。

在福特公司為這種新型吉普車舉行的試車典禮上，謝爾德里克特意安排亨利二世和本森作為新型車的試車員。當埃德索爾看見自己的兩個孩子駕駛著新車一邊揮手一邊向自己駛來時，眼淚奪眶而出，而老福特的眼睛裡卻充滿了敵意。

亨利二世和本森的到來也讓貝內特感到了威脅。他知道，得到公司最高權力的唯一機會就是趁老福特在世時擠垮其他的對手。所以，他天天向老福特打小報告，離間他們的祖孫關係，順便也在背後多捅埃德索爾和索倫森幾刀。

不願放棄權力的福特像一個垂死的老國王一樣，疑心病很重。他竟然相信了貝內特的鬼話，再也不去看望自己的孫子們了。後來，他乾脆打電話通知埃德索爾和索倫森：亨利二世和本森可以繼續在工廠的薪水單上掛名，但是必須安排到其他的分廠去，「甚至是加州都好，總之必須讓他們遠離我的視線」。

埃德索爾絕望了，脾氣暴躁的索倫森也驚訝得合不攏嘴。對福特和公司忠心耿耿的索倫森立刻驅車來到高地工廠，徑直走進老福特的辦公室，開門見山的對福特說：

「我反對你對亨利二世和本森的安排，而我也拒絕這樣做，所以希望你也打消這個念頭。如果你強迫我這樣做，那麼我將澈底和你斷絕關係，我要說的就是這些。」

說完，索倫森頭也不回的離開了福特的辦公室。福特望著索倫森的背影，驚愕的說不出一句話來。他不能再趕走索倫森了，因為整個工廠根本沒人能取代索倫森的位置。現在，通用汽車公司人才濟濟，正在向福特王國發起挑戰。後來，這件事終於不了了之。

亨利二世很快發現了祖父在對他的父親進行折磨並打擊自己的各種陰謀，他不明白福特為什麼這樣做，便跑去問他的母親埃莉諾。為了顧全大局，維持整個家族的團結，埃莉諾沒有對孩子多說什麼，可是亨利二世還是從公司其他人的口中漸漸了解到一些真相，包括福特、埃德索爾和貝內特三人之間的許多事情。

第十八章　大力扶植貝內特

第十九章　眾叛親離的晚年

我會鍛鍊我的身體。我能站著的時候，我絕不坐著；我能坐著的時候，我絕不躺著。

——亨利．福特

第十九章　眾叛親離的晚年

（一）

一九四一年十二月七日，日本偷襲了美國設在珍珠港的海軍基地，將世界上最大的工業國家捲入規模空前的第二次世界大戰。根據埃德索爾的建議，亨利二世和本森都申請加入了美國軍隊，以避免當年由於因逃避兵役而給埃德索爾帶來的恥辱。

為了應對規模浩大的戰爭，美國的工業生產立即轉入戰時軌道，福特公司也接到了大量的軍事訂貨。忙於軍工生產的埃德索爾因勞累過度，健康狀況急劇惡化。一九四二年一月，他做了胃部分切除手術。但是醫生在做手術時發現，他胃部的癌細胞已經擴散了。也就是說，埃德索爾留在人世的時間已經不多了。

手術後，埃德索爾照常喝著產自福特農場的鮮奶。從埃德索爾年輕時起，福特就一直給兒子喝這種未經殺菌處理的鮮奶。固執的福特認為，殺菌會破壞牛奶的香味，結果剛做過手術的埃德索爾因為飲用未經殺菌的牛奶而受到細菌感染，全身忽冷忽熱，四肢關節疼痛……。

由於當時的醫療技術有限，在加上美國正處在戰爭中，埃德索爾沒有把自己的病放在心上，而是一直硬撐著。直到一九四三年四月，他還頑強的在自己的職位上工作，看著一架架轟炸機離開生產線。

令人詫異的是，福特似乎對兒子的病情視若無睹。他很少去看望兒子，甚至對索倫森說：

「瞧我這麼大的年紀，不是也活得好好的？所以說，埃德索爾的病就是源於他那不健康的生活習慣。只要他正常的過日子，保證什麼事都沒有。」

一九四三年五月，在家中休息的埃德索爾突然暈倒了。醫生們在為他檢查後，決定為他再進行一次胃部手術。手術當中，醫生們都驚呆了：癌細胞已經擴散到病人的全身。這下子福特坐不住了，他立即命令貝內特開車將他送到兒子家中。

看到面色蒼白、骨瘦如柴的埃德索爾安靜的躺在病床上，老福特再也受不了了，他像瘋一樣，把所能找到的酒瓶全部砸得粉碎，一邊流著眼淚喊道：

「就是這些東西害了我的兒子！」

老福特的話不無道理。福特一生不喝酒，也討厭看見別人喝酒，但是他的兒子埃德索爾卻經常喝幾杯。福特曾經帶著貝內特將埃德索爾的酒窖砸得粉碎，但是依然沒能阻止兒子飲酒。可以說，埃德索爾的健康在很大程度上確實是由不健康的生活方式引起的。當然，福特也難責其咎，因為他人為的給兒子製造了龐大的精神壓力！

從此以後，福特再也沒有勇氣去看望兒子了，這位八十歲的老人經受不起這樣的打

第十九章　眾叛親離的晚年

擊。他每天都在住所附近的樹林裡絕望的走來走去，而克拉拉則坐在家裡終日以淚洗面。五月二六日下午一點十分，四十九歲的埃德索爾離開了人世。

兩天後，埃德索爾的葬禮隆重舉行。根據埃莉諾的請求，他的遺體被安葬在底特律城的伍德勞德公墓，而不是迪爾伯恩故鄉。或許，這是她對福特的一種無聲的抗議吧。靜靜的躺在這座公墓裡的，還有庫恩斯和著名的道奇兄弟等汽車行業的傳奇人物。

在兒子的葬禮上，老福特面無表情，像一座雕像似的坐在那裡，彷彿對周圍的一切都視而不見，只有淚水不停的湧出他的眼眶。克拉拉則擁抱著埃莉諾，兩人一起失聲痛哭。

埃德索爾去世之後，時任美國總統的羅斯福立即叫來戰時生產管理局局長威廉·努森商議對策。因為埃德索爾的去世使福特公司出現了權力真空的狀態，很有可能導致戰時生產出現混亂。羅斯福曾是埃德索爾的老朋友，威廉·努森曾經在福特汽車公司工作多年，後來被福特趕出了公司。

對福特公司抱有敵視態度的努森建議總統，根據戰時緊急狀態的相關法律規定擺脫福特家族；由政府出面直接管理福特公司。但是羅斯福沒有同意這一方案，而是建議找一個福特家族的人來接管福特公司。

一九四三年八月，海軍部長佛蘭克．諾克斯頒發命令：授予小亨利．福特第二海軍少尉榮譽證書的委任狀，責成他退出現役，返回底特律。海軍部長的這一行動清楚的顯示羅斯福總統和美國政府的態度，即希望由亨利二世接管福特王國。

（二）

埃德索爾去世後不久，福特家族內部便爆發了激烈的爭吵。年輕氣盛的本森當場指責祖父和貝內特的打擊是導致埃德索爾的健康惡化的根本原因。福特似乎想為自己辯護，但是終於什麼也沒說出來。隨即，本森當場宣布，與他的祖父斷絕關係。

年僅二十五歲的亨利二世要比弟弟成熟穩重得多。他知道，憑藉他們現在的實力還不足以擊潰貝內特，除非得到祖父的支持。然而，八十歲的老福特雄心再起，準備從幕後走上幕前，他無論如何都不會支持亨利二世的。

一九四三年六月，福特公司召開董事會，以決定新的人事安排。作為公司的新任董事，亨利二世和母親埃莉諾也參加了會議。但是同樣擁有公司股份的本森卻拒絕出席董事會，因為他不願和貝內特坐在同一張桌子上。老福特在會上強行將貝內特拉入董事會，而他自己則又一次登上了總裁的寶座。

第十九章　眾叛親離的晚年

老福特雖然重新掌控了公司的最高權力，但是幾乎所有的人都看得出來，他的精力和體力已經無法再勝任這項工作了。貝內特也在背後加緊活動，企圖趁老福特在世時奪取公司的最高權力。幾乎所有人都認為，貝內特篡位成功是遲早的事情，不僅因為他的背後站著糊塗的老福特，還因為他的對手實力實在太弱小了。

很快，貝內特便發起了一場人事大換血。第一個受害者是埃德索爾的忠實部下，當時美國汽車最優秀的引擎設計和製造專家謝爾德里克。他於一九四三年十月在落寞中悄然離開了福特公司。

三個月後，福特又任命貝內特為索倫森的生產管理助手。為公司工作了三十五年的索倫森明白，福特此舉實際上是讓貝內特奪取自己的權力。一天，索倫森悲壯的來到了福特的辦公室，大聲說道：

「在這種情況下，我想我是否應該去佛羅里達休息一下？」

索倫森緊盯著老福特，很明顯，他是讓老國王在他和貝內特之間作一個選擇。福特抬起頭來，看了索倫森一眼，然後聳了聳肩，報之以沉默。索倫森二話不說，扭頭走出了房間。

第二天，福特的辦公桌上便放了一封辭職信，那是索倫森送來的。索倫森臨走之前，福特和他握了握手，緩緩說道：

「除了工作之外，去享受生活也是可取的。」

此後，早已形同虛設的公司辦公室主任萊布林也離開了，曾經竭力支持埃德索爾的一些職員也相繼離開了。但是仍有一部分人留了下來，因為他們已經看到福特家族的另一個巨人已悄然站了起來，這個巨人就是福特的長孫——亨利二世。

當貝內特忙著排擠對手之時，亨利二世在祖母克拉拉的暗中幫助下開始四處奔波，尋找幫手。貝內特的死敵，埃德索爾當年最得力的助手，公司前任銷售經理約翰·大衛斯第一個加入亨利二世的陣營。另一個加入亨利二世陣營的人是米德·布里克，他原來是索倫森的生產助手。而亨利二世的第三員大將恰恰是一個與貝內特一樣強悍的人，此人名叫約翰·布加斯，是聯邦調查局底特律站的前任主任。

在亨利二世羽翼逐漸豐滿之時，克拉拉也向孫子伸出了無私的援助之手。一九四四年十月，福特在克拉拉的壓力下，不得不任命亨利二世為執行副總裁，使他在名義上超過了貝內特。

在這樣一個緊要關頭，貝內特加快了奪權的步伐。他裝模作樣的向福特指出，埃德索爾的老朋友坎茲勒很可能會在福特去世之後利用孩子們的無知奪取福特公司的控制

第十九章　眾叛親離的晚年

權。糊塗的福特竟然相信了貝內特的鬼話，並在他的鼓動下草擬了一份類似於遺囑附錄似的東西。

福特和貝內特開列了一張名單，授予名單上的人作為公司董事會指定的監控團，以便在福特去世後的十年內控制公司的最高權力，直到福特的孫子們「夠成熟老練到可以接班為止」。這實際上是貝內特苦心積慮安排的一個陰謀，因為這個監控團的領袖便是他自己。然而，糊塗的福特竟然沒有識破這一點，他竟天真的相信貝內特在將來會把福特王國的權力交給最小的孫子比爾，而不是他深惡痛絕的亨利二世和本森。

(三)

貝內特的行為終於引起了福特家族中除老福特之外所有人的憤怒。亨利二世的得力助手布加斯向貝內特發起了攻擊，並輕而易舉的迫使貝內特燒毀了福特遺囑的副本。克拉拉和埃莉諾也向老福特發起了攻勢。一九四五年春，正當第二次世界大戰接近尾聲之時，克拉拉和埃莉諾合夥演出了一場「逼宮」的好戲。

克拉拉和埃莉諾輪番警告福特，如果他不承認亨利二世應有的地位，那麼整個福特家族將會面臨崩潰的局面。埃莉諾在關鍵時刻還使出了殺手鐧，她威脅福特說，如果亨利二世不能立刻接替公司總裁的位置，她就把從埃德索爾那裡繼承的股份全部公開出售。

這下福特開始慌了。當年，他和埃德索爾好不容易才將公司的股份全部控制在家族手中。如果埃莉諾公開出售她持有的股份的話，他們當初的努力就會全部付諸東流。福特終於失去了鬥志，他緩緩的對兒媳說：

「讓我好好想想，讓我好好考慮一下。」

一九四五年九月二十日，福特終於在眾叛親離的情況下，宣布毫無保留的將權力交給亨利二世。這時，第二次世界大戰剛剛結束一個月，世界人民剛剛開始新生活。而對福特公司來說，亨利二世上台也將開創一個嶄新的時代。

交出權力之後，福特再也不管外面的是是非非了。當然，貝內特在失去了老福特的保護後，也無法在福特公司立足了。九月二十一日下午，人們看見布加斯把自己心愛的點三八手槍插在腰帶上，大搖大擺走進了貝內特的辦公室。幾分鐘後，他又神態自若的走了出來。半個小時後，從貝內特的辦公室裡冒出了一股濃煙，大家都猜得出來，這是貝內特在燒自己的檔案。完成這些工作後，貝內特一臉疲倦的走了出來，坐進自己的汽車，從此再也沒有回到福特公司。

第十九章　眾叛親離的晚年

隨著貝內特的離去，老福特也迎來了他生命的終點。一九四七年四月六日，福特夫婦完成了一場為期數月的旅行，乘坐「費厄林」號專車返回「光明巷」。克拉拉的心情非常沉重，因為她敏感的發現，福特雖然沒什麼病症，但是已經到了油盡燈枯的地步。他經常忘記自己所處的環境，有時竟以為自己不是在飛馳的火車上，而是在「光明巷」的家中。

四月七日清晨，當福特正和大家議論整個密西根州開春來惡劣的氣候時，「光明巷」福特發電廠的負責人、工程師約翰．麥金泰爾突然氣喘吁吁的跑來報告：魯日河水位猛漲，電站的發電機已被洪水淹沒，「光明巷」的電力供應中斷了。

說著，麥金泰爾懇求說：

「我請求福特先生一家先暫時搬到迪爾伯恩的旅館去住，那裡的電力供應還很正常。」

福特擺了擺手，吃力的說：

「沒關係，沒關係，我們有壁爐，把火生起來就行了，取暖和做飯不是都可以解決了嗎？」

早餐過後，福特精神抖擻的找來司機蘭金，讓他的鄰居和原先的保鑣戴林格跟他一起去各處看看洪水的情況。當他們看完洪水準備返回「光明巷」時，福特突然對司機說：

「蘭金，把車拐個彎，我想去家族的墓地看看。」

在格林菲爾德路的福特家族墓地，汽車停了下來。福特想從車中走出去，戴林格制止了他，並指了指車外泥濘的道路和仍在下雨的天氣，福特只好靜靜的坐在車裡向外望著。過了好一會兒，他才喃喃的說：

「我們回去吧！」

回到「光明巷」後，福特先到發電站去看了那些正在搶修發電設備的工人們，然後回到家中，並對女僕說：

「先給我一杯熱牛奶吧，今天晚上我可要早點睡覺。」

喝完牛奶，福特便上床睡覺去了。午夜時分，女僕突然被急促的敲門聲驚醒，她開門一看，原來是克拉拉。克拉拉焦急萬分的說：

「福特先生病得很厲害。」

女僕趕緊和克拉拉一起來到福特的房間，只見他平躺在床上，兩眼半睜半閉，處於半昏迷狀態。福特用手指了指床頭的蠟燭，示意妻子吹滅它，他大概是覺得燭光太刺眼了。

第十九章　眾叛親離的晚年

由於洪水的原因，「光明巷」的電話路線出了問題，女僕只好找來司機蘭金，讓他去請醫生並通知戴林格夫婦。但是醫生還沒有到，八十四歲的老福特便在妻子的懷中永遠閉上了眼睛。

汽車大王的離世震驚了世界，美國總統杜魯門、英國前首相邱吉爾、蘇聯領袖史達林等著名政治家都紛紛打來電話，向克拉拉表示哀悼之情，並熱情讚揚了福特對人類做出的偉大貢獻。

一代汽車大王去世了，他留給世人的不光是一個龐大的福特王國，還有無盡的爭議。一位著名評論家曾中肯的評論福特說：

「亨利．福特終生致力於機械製造，他不以金錢自娛，更不會強取豪奪，他用自己的發明和創造貢獻於人民，製造了人民買得起的大眾型汽車，給人們帶來了無比的歡樂。如果你不是猶太人，沒有挨過福特打手們的拳頭；不是埃德索爾．福特的親朋好友，那麼你就會喜歡亨利．福特，崇敬亨利．福特！」

亨利．福特生平大事年表

西元一八六三年七月三十日　亨利．福特出生在美國底特律的迪波恩村，父親是一名愛爾蘭移民。
西元一八六九年　五歲的福特被送到蘇格蘭殖民地學校讀書。
西元一八七五年　母親瑪麗去世。
西元一八七六年　第一次隨父親去底特律，見到「不用馬拉的」蒸汽車，大開眼界。
西元一八七九年　離開家鄉，獨自前往底特律闖蕩。
西元一八八〇年　在底特律開始學徒生活。
西元一八八二年　在底特律闖蕩兩年多後回到家鄉迪爾伯恩。
西元一八八八年　與格林菲爾德區一個富有的農場主之女克拉拉．簡．布萊恩結婚。
西元一八九一年　遷居底特律，在愛迪生電燈公司底特律分公司任職。
西元一八九三年　獨生子埃德索爾．福特出生。年底，第一台汽油引擎試製成功。
西元一八九六年　試製成功第一輛汽車——「一號車」。
西元一八九七年　見到世界著名發明家愛迪生。
西元一八九八年　研製的「二號車」亮相。

亨利．福特生平大事年表

西元一八九九年　成立底特律汽車公司，任技術總監，同時辭去愛迪生電燈公司職務。

西元一九〇〇年　底特律汽車公司解散。

西元一九〇一年　試製賽車，在比賽中獲勝。十一月，成立亨利．福特汽車公司，任總工程師。

西元一九〇二年　辭去亨利．福特汽車公司職務。製造「999」賽車，並在比賽中獲勝。

西元一九〇三年　與馬爾康森合作，成立福特－馬爾康森合營公司。「A」型車上市。

西元一九〇四年　與馬爾康森產生糾紛。

西元一九〇六年　成立福特汽車零件公司，擔任福特公司董事長。N型車投產。

西元一九〇八年　推出第一輛「T」型車。在法國巴黎建立了第一個海外銷售機構。

西元一九〇九年　美國有照汽車製造商協會向紐約法院提起訴訟，認為亨利．福特侵犯了他們的「塞爾登專利」。

西元一九一一年　在北美以外的第一家工廠在英格蘭羅徹斯特落成。

西元一九一三年　創立汽車裝配流水線。在海蘭園設立第一條總裝線，幾乎使裝配速度提高八倍。

西元一九一四年　福特公司實行日薪五美元制。

西元一九一五年　在第一次世界大戰期間，福特發表發展演說，號召大家慷慨解囊，建立反戰基金。成立了專門開發生產農用曳引機的「福特父子公司」。

西元一九一六年　獨生子埃德索爾與埃莉諾結婚。

西元一九一七年　福特家族的第三代——小亨利．福特，即亨利二世出生。

西元一九一八年　開始建設龐大的汽車製造聯合企業——榮格工廠。

西元一九一九年　埃德索爾．福特接替亨利．福特任公司總裁。

西元一九二〇年　紅河工廠首期工程完成。爆發全球經濟危機。

西元一九二二年　收購林肯品牌。

西元一九二五年　日本公司成立。

西元一九二七年　停止生產「T」型車，同年開始在榮格工廠生產「A」型車。

西元一九三二年　成為歷史上第一家成功鑄造出整體V八引擎缸體的公司。福特公司第一次發生大規模工潮。

西元一九三五年　開創了水星品牌，填補了福特產品和高檔林肯產品間的市場空缺。

西元一九四〇年　亨利二世和弟弟本森正式進入福特汽車公司，開始在魯日工廠上班。

西元一九四三年　獨生子埃德索爾．福特去世，年僅四十九歲。亨利．福特重新擔任福特汽車公司總裁。

西元一九四五年　福特辭去董事長職務，由亨利二世繼任。

西元一九四七年四月七日，亨利．福特去世，享壽八十三歲。

電子書購買

國家圖書館出版品預行編目資料

四輪時代：汽車時代的引領者 亨利．福特 / 潘于真 著 . -- 第一版 . -- 臺北市：崧燁文化事業有限公司 , 2021.04

面；　公分

POD 版

ISBN 978-986-516-512-3(平裝)

1. 福特 (Ford, Henry, 1863-1947) 2. 傳記

785.28　　109017534

四輪時代：汽車時代的引領者 亨利．福特

臉書

作　　者：潘于真　著

發 行 人：黃振庭

出 版 者：崧燁文化事業有限公司

發 行 者：崧燁文化事業有限公司

E-mail：sonbookservice@gmail.com

粉 絲 頁：https://www.facebook.com/sonbookss/

網　　址：https://sonbook.net/

地　　址：台北市中正區重慶南路一段六十一號八樓 815 室

Rm. 815, 8F., No.61, Sec. 1, Chongqing S. Rd., Zhongzheng Dist., Taipei City 100, Taiwan (R.O.C)

電　　話：(02)2370-3310　　　傳　　真：(02) 2388-1990

印　　刷：京峯彩色印刷有限公司（京峰數位）

定　　價：340 元

發行日期：2021 年 04 月第一版

◎本書以 POD 印製